LE 7e SENS
OU LE CORPS SPIRITUEL

« *Espaces libres* »

DU MÊME AUTEUR

Le Grand Passage
Mes expériences de dédoublement
et de voyage hors du corps

Courrier du Livre, 1979

La Conscience d'être
ici et maintenant

Ed. Espace bleu, 1983, 1991

JEANNE GUESNÉ

LE 7ᵉ SENS
ou le corps spirituel

Albin Michel

Collection « Espaces libres »
dirigée par Marc de Smedt

© Éditions Albin Michel S.A., 1991
22, rue Huyghens, 75014 Paris

ISBN : 2-226-05432-4
ISSN : 1147-3762

Sommaire

A Jean Gauthier-Villars
A ma fille Janine

« *A l'Homme, pour découvrir l'homme jusqu'au bout, toute une série de " sens " étaient nécessaires, dont l'acquisition graduelle couvre et scande l'histoire même des luttes de l'esprit.* »

Pierre TEILHARD DE CHARDIN

Introduction

L'élaboration de ce troisième livre devient indispensable pour mettre au point certaines ambiguïtés concernant mon expérience fondamentale de la vie hors du corps, qui a fait l'objet des deux ouvrages précédents.

Je rappelle brièvement les faits.

Pénétrée du désir incoercible de vérifier par moi-même si la vie pouvait se continuer hors du corps, je me soumis pendant plus d'un an, chaque nuit, à des exercices empiriques de relaxation des muscles et de relâchement de ma respiration et de mes pensées, attendant... l'instant de la séparation de mon corps avec ce qui se sent « moi » en lui.

Après treize mois d'efforts consécutifs et extravagants, une nuit, une peur horrible, une peur de « ventre » s'opposa avec une violence inouïe à l'ultime « déverrouillage ». Instantanément, je sus que si je ne « lâchais » pas, il en serait fini de mes tentatives. Je fis le geste intérieur impossible et je me retrouvai, sans poids, flottant au plafond de ma chambre dans la position d'un nageur de fond et regardant à quelques mètres au-dessous de moi mon corps qui semblait endormi.

L'hypothèse s'était muée en réalité. J'étais bien vivante avec une intensité ressentie seulement dans des circonstances très graves ou dans le domaine de la sexualité ; et ce degré très élevé de sensation semblait appartenir tout naturellement à cet état.

Depuis cette inoubliable découverte, je veux dire que ma vie se divisa définitivement en deux directions, non pas contraires, mais juxtaposées : celle de mon existence quotidienne — j'avais vingt-huit ans, j'étais mariée et j'avais une fillette ; je n'ai jamais cessé de remplir naturellement toutes les obligations qui s'imposent à une femme parfaitement normale. Et celle d'une « autre » vie dont je n'ai rendu public le déroulement que quarante années plus tard dans un petit livre : *Le Grand Passage*[1].

Je bénéficiai durant toute ma quête d'un immense appui : la confiance totale de l'affection de mon mari qui fit taire son inquiétude légitime devant ces expériences hors du commun, et ne s'opposa jamais à ma recherche, l'encourageant et la partageant d'un même cœur.

Cette existence bis fut et demeure une longue quête à la découverte de la connaissance de mon propre mystère, le mystère du « Qui ou que suis-je ? ».

À ces expériences que je renouvelai volontairement, mais hélas jamais à volonté, collaborent des paramètres de différents niveaux tant intérieurs qu'extérieurs (physiques, psychiques et mentaux), mais que je n'ai jamais formellement établis. Par exemple, je n'ai plus la faculté de penser rationnellement, de raisonner, d'analyser. Les pensées me traversent alors comme un courant d'ondes extrêmement rapides et s'actualisent instantanément en formes concrètes qui s'imposent à moi comme une réalité. D'où des terreurs insoutenables qui me projettent dans mon corps en s'accompagnant de chocs violents à la tête et au cœur. J'eus beaucoup de chance de leur résister.

1. Éditions Le Courrier du Livre, préface de Jean Charon.

Revenue à mon état normal, je réfléchissais et peu à peu je compris la carence d'autonomie qui semblait l'apanage de cet état hors du corps, réalisant en même temps l'origine mentale de tout ce que je voyais : la projection des pensées-mémoires. Tout ce que je percevais appartenait à mon univers mental et à sa capacité d'imagination.

À chaque tentative, je me promettais de me souvenir de ces conclusions logiques, mais il fallut dix ans avant qu'elles « passent » le mur de mon ignorance transcorporelle.

J'eus tout de même la chance inouïe de ne pas me laisser prendre au « piège » de la pensée créatrice toute-puissante dans cette dimension de la conscience, car je serais aujourd'hui encore à tourner en rond à travers la fantasmagorie des images, actualisant en matière mentale terriblement plastique *tout ce qui est concevable*.

L'impitoyable rigueur indissociable de la quête sérieuse de la connaissance de soi me sauva du piège, en braquant sur lui le phare de la lucidité... premier pas vers l'intuition.

Je compte dans cet ouvrage montrer aussi clairement que possible comment notre monde psychique et notre monde mental prennent naissance profondément dans notre corps et en même temps le recouvrent dans un espace « vital » que nos sens nous décrivent comme spatial et temporel. Cet espace, nous l'ensemençons de toutes nos émotions et de toutes nos pensées, et lorsque nous nous « dédoublons », c'est en lui que nous nous déplaçons. En fait, nous ne le quittons pas. Mais il est une autre porte, étroite et difficile d'accès, qui conduit à la LUMIÈRE. Ensemble, nous tenterons de l'atteindre.

Les pages qui suivent évoquent le cheminement de ma quête à travers le labyrinthe de mes processus intérieurs en réaction constante aux impressions sensorielles qui les provoquent. C'est un effort *indispensable*, l'effort de « voir » pour ne plus subir. Des années d'expériences de

dédoublement volontaire m'avaient prouvé que la clé de
toutes mes questions se trouvait ici, dans mon corps et
son organisation fonctionnelle.

Une nuit, alors que je réintégrais brutalement mon
corps (je vous l'ai dit, je ne possédais aucune autonomie
hors du corps), il me fut impossible de reprendre contact
avec lui. Il était un cadavre et je n'avais aucun moyen de
l'animer. L'expérience fut et demeure encore aujourd'hui
inoubliable. J'avais conscience de sa signification : on me
déclarerait morte et je serais enterrée... et je ressentis une
indifférence totale qui libéra une évidence fulgurante :
« Tu ne peux pas mourir, tu es la VIE ! »

Dans le même instant, mes paupières s'ouvrirent, mes
mains furent habitées, le contact était renoué... Je subis
plusieurs fois la même impossibilité, mais « je savais »
maintenant le « geste » à faire : m'endormir. Et je savais
cela comme je sais qu'il me faut ouvrir les yeux pour
regarder. Cela faisait partie d'une sorte de patrimoine
acquis que je ne peux plus perdre. Expérience après
expérience, j'amassai un petit capital de connaissance
« vécue » dans cette autre dimension de la Vie.

C'est ainsi que je compris paradoxalement, par ma
sortie du corps, la valeur incommensurable (le mot n'est
pas trop fort) de la VIE dans le corps. C'est un appareil de
réception d'impressions de natures différentes et d'émissions de réactions à ces impressions. Cette activité
constitue pour chacun son existence et ce qui pour lui est
le monde. Comme nous sommes créés sur le même
modèle, doté du même système de coordonnées sensorielles, tous les jours des formes humaines naissent à la Vie,
d'autres disparaissent, mais ce que j'appelle la VIE dans
« ma » vie dispose de suffisamment de moyens d'expression pour SE manifester et poursuivre Son Œuvre à
travers Sa Création : CONSCIENCE D'ÊTRE, Ici et Maintenant.

Je dois également préciser que je n'utilisais jamais
aucune drogue, que je jouissais d'une santé très satisfai-

sante ne nécessitant aucun traitement pharmaceutique, entraînant telle ou telle perturbation dans ma composition sanguine. Néanmoins je reste persuadée que la réalisation volontaire et consciente de la séparation entre « moi » et mon corps correspondait à une coïncidence entre mon fonctionnement biologique (température, tension artérielle, sécrétion hormonale, etc.) et certains éléments extérieurs de mon environnement (atmosphérique, électrique, hygrométrique, etc.) au moment donné.

À la suite d'une infection importante, durant laquelle ma tension artérielle avait chuté, j'entrais et je sortais « à volonté », faisant alterner la sensation douloureuse de mon corps malade avec un délicieux calme euphorisant.

C'est d'ailleurs au cours de l'aggravation de mon état, alors que j'étais très abattue, sans réaction, que je sentis une main serrer la mienne avec force. C'était à la fois la puissance d'une main d'homme et la douceur persuasive d'une main de femme qui me disaient : « Confiance, tu vas t'en sortir. » Puis je me sentis arrachée de mon corps épuisé et emportée à une vitesse inimaginable, d'une intensité fantastique. L'impression qui suivit fut la vision d'un immense champ de neige dans la lumière azurée du ciel. J'étais assise sur la margelle d'un puits faite d'éboulis et dans ma tête des cloches se mirent à sonner à toute volée m'entraînant dans un profond sommeil.

Lorsque je m'éveillai le lendemain matin, « je sus » sans le moindre doute que j'étais guérie, ce qui confirma l'opinion de mon médecin dans les ressources imprévisibles de la jeunesse !

La réalité tangible de tout le vécu de mes expériences est aussi évidente que celle du papier sur lequel elles sont imprimées. Il existe une matérialité de ce vécu comme il en existe une dans notre environnement quotidien, et nous ne mettons jamais celui-ci en doute. Cependant nous n'ignorons nullement qu'il s'agit de milliards d'atomes tourbillonnant à des vitesses fantastiques, ainsi d'ailleurs que les atomes de notre propre corps.

La règle que je m'imposais chaque fois avec une extrême rigueur était de demeurer lucide et objective au maximum. L'enseignement le plus urgent que j'en retirai fut qu'il me fallait découvrir en moi, dans la vie de tous les jours, un « autre regard » à porter sur le monde, une « autre oreille » pour entendre en profondeur, supprimant dans un espace-temps éclaté toute différence entre intérieur et extérieur, toute distance entre l'autre et moi-même... entre la VIE et « ma vie »... entre la capacité d'exister que nous possédons tous et la capacité d'ÊTRE... la CONSCIENCE d'ÊTRE.

Les efforts nécessaires et la réalisation appartiennent au domaine de l'existence humaine.

Vous ne découvrirez pas d'ordre logique verbal dans l'enchaînement des chapitres de ce livre qui se réclame d'une logique vitale, sollicitant à la fois l'attention intellectuelle, l'affectivité émotionnelle et la sensorialité-sensibilité du corps. La Vie est trop immense pour se laisser enfermer dans des concepts. Nous avons tort de toujours regarder à travers un état de conscience figé dans des cadres de références qui ne correspondent plus aux besoins d'une mentalité nouvelle, prémice de grands bouleversements.

Certains passages s'adressent à la sensibilité profonde du lecteur... à son intuition. Ils sont des occasions de rencontre avec des aspects peu familiers de soi-même. Au choc du mot, à l'évocation de l'image qu'il suscite, un tressaillement de la chair a répondu... dans l'ultime profondeur quelque chose a vibré... Tout devient possible.

Comme une prémonition, ces vers d'Henry Rougier chantent dans ma mémoire :

> « Tout le mystère commence avec la chair,
> De hautaines saisons te foulent. Tu les fouleras

à ton tour, jusqu'à cette arche vive où des yeux clos tamisent le sang du péage[1]. »

« Franchissable est la transparence.
Il y eut tant de bleu qu'il en devint orange
       Et que le Vu
Laissa la place à ce qui Voit[2]. »

1. *Recueil de poèmes*, « Highlands ».
2. *Ibid.*, « La mort en ce jardin ».

Le 7ᵉ sens,
la présence
en l'homme

> *« Un Être conscient, pas plus grand que le pouce, se tient au centre de nous-même. Il est le maître du passé et du présent... il est aujourd'hui et il est demain. »*
>
> Katha Upanisad (IV, 12-13)

Aujourd'hui est jour de mon anniversaire. Il y a soixante-dix-neuf ans et neuf mois, l'union d'un spermatozoïde et d'un ovule déclencha le processus, qui, au travers d'atomes formant des molécules, associées aussitôt en cellules se différenciant en organes, élabora un corps... le mien. Il se développa et se maintient encore dans un état satisfaisant malgré l'usure inévitable, à l'instant où j'écris ces lignes.

Durant ce long périple, l'organisme qui me sert d'habitacle respira environ 865 millions de fois, si l'on compte vingt respirations à la minute. Deux milliards neuf cents millions de battements de cœur environ lui correspondirent. Tous les éléments qui constituent ce corps se renouvelèrent sans interruption, lui permettant d'effectuer avec la planète sur laquelle il est né, donc moi avec lui, soixante-dix-neuf fois le tour de l'astre solaire. Il commence aujourd'hui sa quatre-vingtième révolution.

Comment ne pas être frappé par l'analogie : l'homme-cellule de l'humanité ? Même renouvellement cellulaire incessant.

L'infime fragment de matière que je suis ressent

cependant avec une évidence indicible son appartenance à une chaîne éternelle de transmission vivante de l'ÊTRE dans toutes les dimensions d'espace et de temps au-delà de toute pensée et de sentiment personnels.

Une simple cellule de mon corps, fût-elle supérieurement évoluée, ne peut pressentir le niveau de conscience de l'organisme total qui pour elle représente son univers et duquel elle participe.

Chaque degré de conscience d'Être contient le degré de Connaissance qui lui correspond. Le savoir est au mental, la Connaissance est à l'Être. Nous devons apprendre à nous élever dans les dimensions de la Conscience, à pénétrer dans son espace qui est Présence vivante.

Je ressens l'évidence chaude et lumineuse d'une perception nouvelle qui me fait naître à moi-même : le septième sens. Celui de la perception « consciente » qui seule peut briser ma continuité psychologique, laquelle a tracé des limites et des conventions pour régir toutes mes manifestations. En vérité, chaque existence connaît plusieurs « naissances »...

Je pensais ne plus avoir à écrire, car j'avais dit l'essentiel, lorsqu'un incident imprévisible fit jaillir en moi une surabondance de la vie que je reçus comme un souffle en plein visage. Durant un instant, ma réalité fut la totalité des choses perçues. Il n'était question d'aucune forme d'intelligence intellectuelle, mais de JOIE d'ÊTRE tout et tous sans faille ni césure.

Les révélations antérieures pénétrèrent plus profondément dans ma chair comme une substance qui la modifiait, en la « défroissant », en la diluant, la rendant plus légère.

Je « sus » avec une évidence écrasante que mon corps était un objet fabuleux dont je ne soupçonnais pas les virtualités potentielles. J'allais à la recherche de « l'oiseau bleu » comme les enfants du conte de Maeterlinck et il était en moi, il attendait que j'ouvre enfin les yeux.

Je refuse pour cet état exceptionnel la seule explication

de l'équilibre des nerfs, des humeurs, des échanges chimiques entre quelques milligrammes de calcium, de sodium et de potassium dans le sang. Certes cela est fondamental pour maintenir la vie. Mais l'impact de ces énergies supérieures avec l'organisme peut lui-même être à l'origine de cet équilibre ?

Voilà ma raison d'écrire à nouveau pour vous inviter à une réflexion active sur une approche différente de la réalité essentielle de la Vie. À travers des récits, des faits, des anecdotes, des évocations de circonstances et de sensations précises, je souhaite vous aider à découvrir en vous le septième sens, le sens d'ÊTRE par lequel l'homme est relié à l'univers.

Intégrer dans notre vie quotidienne le sens de la Présence qui unit les contraires, le sens de l'Origine de la première impression d'exister. Retrouver « la page blanche » en amont de la mémoire du petit enfant qui dort depuis sa conception et n'est pas encore né à la conscience de l'ÊTRE, ici et maintenant.

Je vous invite à remonter à la Source en vous-même, à cet état antérieur à toute projection mentale ; le silence où jaillit le « JE SUIS » éternel.

Cet instant vécu est une unité de Conscience, comme le mètre est une mesure d'espace et la minute une mesure de temps. C'est une intensité qui contient « tout le connaissable ».

Cette évidence est, par sa nature même, incommunicable. Pour y parvenir chaque avancée doit être conquise de haute lutte contre soi-même. Nous sommes recouverts d'écailles qui se nomment : violence, orgueil, jalousie, peur, colère, etc., qui forment un écran entre nous et la réalité des choses. Il nous faut nous travailler longtemps du dedans, afin qu'elles tombent comme des peaux mortes, laissant apparaître notre nudité originelle.

Je désire profondément laisser un témoignage de ce que j'ai découvert par mon travail personnel d'observation hors du corps, et naturellement ce travail je l'assume en signant mes écrits. Mais ma personne est sans importance. C'est dans la mesure où elle s'efface et se tait que « quelque chose » passe et s'exprime. Et ce quelque chose vous dit que nous sommes coupés de notre rythme biologique fondamental accordé avec les grands rythmes de la nature.

Notre centre de gravité habituel se trouve dans notre intellect, donc dans un concept de la réalité, non dans la réalité qui par nature est intraduisible. Le concept n'est pas plus le réel que le mot pain n'est le pain réel.

Saisir la réalité de la Vie dans l'intervalle de silence entre deux pensées ! Entrer dans ce trou... Transformer l'écoulement familier des pensées, strié parfois par la fulguration d'un silence, en l'écoulement tranquille d'un silence strié par l'apparition de pensées. En un mot, inverser le système.

L'évidence m'est révélée dans « l'instant ». Une citadelle dans laquelle je m'étais enfermée s'écroule ; les briques et les moellons inextricablement confondus étaient mes jugements, mes opinions, mes croyances, ma vision sclérosée des êtres et des choses. À « l'instant, je Vois », je ne pense pas, et voir ainsi, c'est communier avec ce qui EST.

« Sentir » dans un éclair que je suis un « moment » de la Conscience Universelle. Elle Vit en tous les hommes simultanément, et c'est en moi-même, profondément enfouie dans ma forme humaine qu'elle a créée et qu'elle anime, que je peux la découvrir et la « Reconnaître »...

Par elle, depuis soixante-dix-neuf ans, je vis l'existence d'une femme sans importance, noyée dans le flot de la mouvance humaine, et bientôt cette existence se terminera. Pourquoi cette vie ? Qui suis-je ? ou plutôt : Que suis-je ?

La brûlure des questions provoque l'étincelle qui allume l'incendie du désir de « connaître », l'élan sacré qui conduit à la Lumière : Je ne sais pas ce que je suis, mais Je Sais que JE SUIS.

Les mots Amour, Fraternité, Paix traduisent des valeurs universelles, trop souvent mises sous le boisseau par nos sociétés modernes éprises de rendement, d'efficacité. Aujourd'hui leur Voix retentit dans le cœur de beaucoup d'hommes qui demandent un peu de clarté, une vue nouvelle leur donnant l'espérance. Ils sont prêts pour que s'éveille en eux ce septième sens, le sens d'Être, ici et maintenant.

Entre le début de l'existence et sa fin, il se produit une « nidation », suite à une pénétration globale de notre organisme, d'une graine de conscience qui va croître et germer en se nourrissant d'une attention « subtiliée » et dynamisée, jusqu'à atteindre dans cet organisme la capacité de « se reconnaître » Conscience universelle.

Ainsi l'univers devient-il pour notre compréhension la somme de toutes les activités simultanées de l'énergie. À chaque niveau tout se répète. Sur cette planète on passe de la matière inerte à la matière organique, du mécanique au psychique, puis au mental à travers des structures de substances de plus en plus complexes, et les transformations se sont échelonnées sur des centaines de millions d'années dans une accélération progressive des processus.

Chaque groupe minéral, chaque espèce végétale, chaque créature animale, chaque homme représente un niveau de conscience manifesté entre un point alpha et un point oméga propre à la manifestation de ce minéral, de ce végétal, de cet animal, de cet homme.

Tous les organismes vivants sont des formes d'expression de l'énergie Universelle, au même titre que les planètes et les étoiles. Ainsi le temps d'une gestation humaine, la Vie-Conscience universelle devient-elle un homme dans la matrice de l'espace-temps humain. La substance métaphysique apparaît matière tangible à la faveur de notre système sensoriel.

L'Unité crée le multiple indissociable du continuum espace-temps qui lui correspond. Dans l'immuable Respiration Cosmique l'Un se scinde en deux phases : l'expir

créateur des mondes, et l'inspir qui les réabsorbe.
L'activité en soi est illimitée. La limitation de notre
connaissance est proportionnelle à notre capacité sensorielle de perception. Nous ramenons tout à la réalité
corporelle, parce que c'est la seule que nos sens appré-
hendent, mais il existe une réalité psychique, une réalité
mentale et une réalité spirituelle que l'homme se doit de
découvrir et de vivre, « dans » son corps.

Nous sommes, à l'évidence, une « portion » d'espace
et lorsque nous prenons conscience de nous-même
comme de cette portion exclusivement, nous nous « sépa-
rons » de l'espace global auquel nous opposons notre
image d'entité distincte.

Au risque de me répéter, j'ajoute cette précision
fondamentale : mes propos n'expriment pas des idées
fruits de lectures antérieures, des réflexions, voire des
méditations. Ce sont des « faits vécus », c'est-à-dire
éprouvés dans ma chair, mon sang, mes nerfs, grâce à
l'éveil de ce septième sens qui fait l'objet de ce livre. Les
mots que j'emploie ont la coloration que leur impose ma
subjectivité. Cela est une première restriction. Soyez très
fluide, très souple, pour lire entre les lignes et surtout
« sentir » le Réel, l'Énergie-Vie-Conscience, cause unique de tous les phénomènes de l'Univers. Il nous est
possible de l'éprouver *vitalement* et non plus cérébralement ; lorsqu'il en est ainsi, nous n'éprouvons plus le
besoin de nous le définir comme nous le faisons pour les
sensations familières. Le VÉCU appartient à un autre
niveau : la VIE CONSCIENTE.

La littérature indienne recèle une grande richesse de
textes sacrés qui s'adressent directement à notre sensibilité profonde. Laissons celui-ci suspendre notre temps
psychologique et couler dans notre sang qu'il éveille et
nourrit au sens strict du mot, car le sang porte le souffle
qui est Vie :

« — Seigneur, instruisez-moi, demande Svetaketu à son Maître.

Celui-ci répondit :

— Les rivières coulent, Svetaketu : celles d'Orient vers l'est. Celles d'Occident vers l'ouest. Sorties de l'Océan, elles retournent à l'Océan. Elles deviennent l'Océan lui-même. Mais de même que devenues l'Océan, elles sont devenues incapables de se souvenir d'avoir été telle ou telle rivière, de même, mon cher, toutes les créatures ici-bas, bien qu'elles sortent de l'Être, l'ignorent : tigre ou lion, loup ou sanglier, ver ou papillon, mouche ou moustique et tous les humains, quelle que soit leur condition ici-bas, elles sont toutes identiques à cet Être qu'est l'Essence subtile.

L'Univers entier s'identifie à cette essence subtile qui n'est autre que l'Âme. Et toi aussi, tu es CELA Svetaketu.

— Seigneur, instruisez-moi davantage encore !

— Voici du sel. Jette-le dans cette eau, et reviens me voir demain matin.

Svetaketu fit ainsi, et le lendemain son Maître lui demanda :

— Ce sel qu'hier tu jetas dans cette eau, rends-le-moi.

Il le chercha et ne le trouva point car il était entièrement dissous.

— Bois de l'eau prise à la surface. Comment est-elle ?

— Salée.

— Bois-en prise à mi-profondeur. Comment est-elle ?

— Salée aussi.

— Bois encore, mais prise tout au fond. Comment est-elle ?

— Salée, c'est toujours la même chose.

Et le Maître lui expliqua :

— Ainsi tu ne vois pas l'Être. Il est là cependant. Il est cette essence subtile, et l'Univers tout entier s'identifie à Elle qui n'est autre que l'Âme du Monde. Et toi aussi, tu es CELA, Svetaketu[1]. »

1. *Chandogya Upanisad,* « Tu es Cela ».

> « *Il me semble qu'un retour sans nuances aux mystères de l'ésotérisme serait aussi mauvais que la poursuite insensée et sans limites de la fonction rationnelle. Encore une fois il est nécessaire que les deux yeux restent ouverts en même temps.* »
>
> Hubert REEVES (colloque de Cordoue)

Travailler sur soi, c'est transformer et amplifier nos capacités fonctionnelles de réception et d'émission, afin de nous relier aux différents niveaux de l'Être, à d'autres fréquences vibratoires de la Vie, et ne plus se cantonner dans l'étroite bande de vibrations sensorielles qui nous sont familières, et qui, de toute évidence, ne nous suffisent plus.

Un regard attentif posé sur le monde qui nous environne, dans la mesure où il est neutre et impartial, nous renseigne immédiatement sur tant de faux problèmes. Nous ne regardons jamais avec un intellect libre de ses à priori, alors que nous ne voyons que ce que nous projetons inconsciemment dans notre espace psychique et mental, qui contient toutes les expériences que nous avons de la Vie. Et cet espace, nous le polluons avec nos craintes, nos désirs insensés, nos ambitions stériles, renforçant ainsi notre conditionnement psychologique qui devient notre prison.

C'est ici que doit se situer le début de notre effort pour échapper à cette geôle qui nous prive de notre Être.

Il n'est qu'une Vie-Conscience unique, faite de

myriades de vies-consciences de tous niveaux, et chacune est une énergie vivante dans l'infini de l'Être. Analogiquement, on peut dire qu'il existe les jours de l'existence, comme il existe les existences de la Vie.

Le schéma suivant est à méditer longuement. L'éveil du septième sens ne peut se formuler en concept. Il doit être vécu. C'est l'accession à une autre dimension de LA VIE, dans un vaste potentiel d'énergie dans lequel nous baignons. Mais habituellement nous n'avons aucun échange avec lui, car il nous manque le point de contact. Le seul outil que nous possédions est notre propre Attention et son activité fondamentale : le silence intérieur.

La véritable connaissance est expérimentale. Notre intellect bavard nous maintient dans un rêve. L'ATTENTION EST LA VIE. C'est une énergie, on peut même dire : c'est l'ÉNERGIE. Lorsqu'elle se retire, le corps est un cadavre.

Ce schéma tente de tracer l'existence des trois structures de l'homme « contenant et contenu ». Ces espaces différents figurent trois dimensions de la Conscience qui se manifeste dans l'homme au niveau de son corps, de son psychisme et de son mental. Chacune de ces fonctions est douée d'une fréquence et d'une intensité vibratoires qui lui sont propres.

Dans la recherche de la Connaissance de soi, l'homme est simultanément l'expérimentateur, le sujet expérimenté et le laboratoire de l'expérience.

La compréhension « vécue » est la relation, le rapport entre les trois centres d'intégration de l'énergie-Vie. Avoir *simultanément* en soi le *sentiment* et la *sensation* de ce qu'on *sait*.

Nous ensemençons constamment notre espace psychique et mental des tourbillons d'énergie positive et négative que sont nos pensées et nos émotions et qui se renforcent par l'automatisme de leur mouvement de récurrence. Nous sommes littéralement prisonniers de nous-mêmes jusqu'à l'instant où notre effort d'observa-

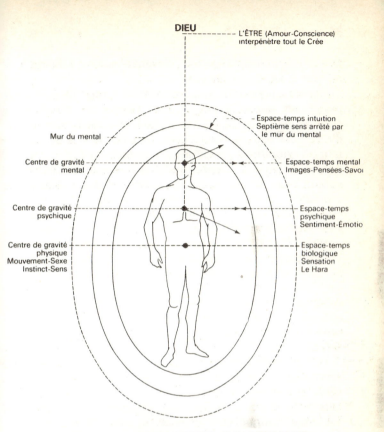

DIEU — L'ÊTRE (Amour-Conscience) interpénètre tout le Créé

Espace-temps intuition
Septième sens arrêté par le mur du mental

Mur du mental

Centre de gravité mental

Espace-temps mental
Images-Pensées-Savoir

Centre de gravité psychique

Espace-temps psychique
Sentiment-Émotion

Centre de gravité physique
Mouvement-Sexe
Instinct-Sens

Espace-temps biologique
Sensation
Le Hara

LES TROIS STRUCTURES DE L'HOMME

Nous existons à l'intérieur de cette triple enceinte, de trois espaces-temps différents, dans lesquels s'expriment à travers nous des sensations, des émotions et des pensées.

Depuis l'instant où il s'éveille jusqu'à ce qu'il s'endorme, l'attention de l'homme oscille entre la manifestation de ses trois centres de gravité, avec une pause plus ou moins longue sur l'un d'eux, suivant les circonstances qui se présentent ou son propre tempérament.

L'espace-temps psychique et l'espace-temps mental sont constamment emplis des tourbillons d'énergie positive et négative que sont les émotions et les pensées, ainsi que les sensations, qui émanent des trois centres de gravité.

tion intérieure nous le révèle. Souvenez-vous : « L'Esprit de Vérité descendra sur vous. »

Lorsqu'en aéronautique on voulut tenter de faire passer aux appareils une certaine vitesse caractérisant celle de l'onde de translation du son, il y eut beaucoup d'accidents mortels. Cette onde opposait une sorte de mur de vibrations appelé alors « le mur du son ». La vitesse à laquelle l'avion l'abordait variait d'ailleurs suivant l'altitude. Lorsqu'il atteignait une vitesse identique, donc une fréquence vibratoire semblable, l'appareil vibrait dans tous les éléments qui le constituaient, il subissait une distorsion qui le faisait exploser le plus souvent. Beaucoup de pilotes y laissèrent la vie.

Plusieurs de ces dramatiques essais furent transmis par la radio et je me sentis chaque fois touchée au plus profond de moi-même par la mort de ces hommes qui affrontaient ainsi une « loi » de la création. Je sentais obscurément le principe de cette loi inscrit dans ma propre structure organique et je pressentais sa barrière invisible.

Puis un jour, lors d'un xᵉ essai, le pilote sentant les effroyables vibrations cabrer son appareil eut un éclair de génie et effectua la manœuvre *inverse* de celle qui est habituelle et recommandée pour accélérer... et il passa. Le point critique était dépassé, le mur du son était franchi.

À plus de trente ans d'écart, je revis mon émotion à l'écoute du reportage radio. Il éveillait en moi d'étranges réminiscences : à l'instant ultime de l'épuisement de la capacité d'intelligence rationnelle logique, un sens nouveau apparaît doté de facultés nouvelles, d'expression instantanée... et c'est le miracle... sans que la tête l'ait commandé, le geste efficace s'accomplit, ou les paroles se prononcent d'elles-mêmes... juste ce qu'il fallait...

Le « lâcher-prise » intégral... c'est lui, je le reconnais. Je l'avais vécu quelque douze années plus tôt lorsque dans une immobilité indicible, m'arrachant à la peur viscérale qui m'écartelait, je sortis *consciemment* de mon corps.

Le même sens absurde du geste anormal parce que inhabituel, le « retournement » du principe conscient qui reconnaît sa limite, du moi qui abandonne sa prétention... et le feu vert est donné... « le mur du mental » est passé. Ce qu'on appelle le dédoublement c'est la sortie du « moi » psycho-mental dans l'espace psycho-mental extérieur au corps. Dans cet espace qui correspond à l'espace inter-cellulaire et dans lequel apparaissent et disparaissent toutes les émotions, images et concepts passés, présents et à venir.

Reportez-vous au schéma où trois centres principaux sont figurés dans l'homme. Le centre physique est le centre de gravité de l'ensemble de la matière physique du corps et les vibrations qui lui correspondent s'effectuent dans cet ensemble.

Il en est de même pour les deux autres centres. Chacun, avec une différence de fréquence et d'intensité vibratoires, sature le corps physique et irradie à l'extérieur.

Un « mur du mental bis », si je peux employer l'expression, clôture le « domaine » de l'homme. En sortant de son corps, il en est devenu pourrait-on dire un « satellite » et tourne sur une orbite positive ou négative, dépendant toujours de son organisation psycho-mentale. Je mis dix ans pour comprendre que tout que je voyais, entendais, touchais, était une création instantanée de mon mental. Non seulement il n'y avait aucune libération de mes automatismes, mais leur vitesse étant accrue, je n'avais plus le moindre contrôle sur mes actions dans ces dimensions de la conscience.

Je ressentis alors la nécessité d'effectuer un « apprentissage » de toutes mes fonctions psycho-mentales et, très curieusement, je fis des rencontres avec des personnes animées des mêmes besoins. Ensemble nous entreprîmes des recherches qui nous plongèrent dans des lectures de traditions culturelles différentes. Cela nous amena à faire d'autres rencontres, à pratiquer certaines disciplines qui conduisent à la voie de l'effort insolite ouvrant à la Connaissance de Soi.

Je n'en finirais plus d'énumérer les tentatives, les incursions menant à des impasses, les illusions qui vous enflamment et vous laissent plus vide qu'auparavant. Après cinquante années de travail intérieur, j'ai avancé d'échec en échec, car c'est le paradoxe, tout est inversé et le succès est un leurre, ou plus exactement le sens des mots succès et échec ne correspond plus avec la définition qu'en donne le dictionnaire.

Je désire signaler à votre attention un point très important : le terme d'espace. On l'imagine toujours en concepts de longueur, largeur, hauteur et corollairement s'ajoutent les qualificatifs de petit, grand, vaste, étroit, etc.

Notre corps représente un espace qui contient en lui de nombreux espaces insoupçonnés. Des espaces qui nous « pénètrent » et nous « contiennent ». C'est ainsi que le corps de l'homme est appelé dans de nombreuses traditions « le Temple de Dieu ».

Regardez une plante dans un pot. Arrosez-la et comprenez avec tout vous-même, sans mot pour l'expliquer.

L'eau a pénétré la motte solide et il y a maintenant un espace liquide encastré pourrait-on dire. Mais l'eau contenait un espace d'air encore plus subtil. Les trois espaces de trois fréquences de vibrations différentes sont emboîtés comme le sont en nous nos trois espaces physique, psychique et mental. Faisons l'effort de nous ouvrir à la perception de l'espace du septième sens... Peut-être pourrons-nous dire alors à l'instar de l'astronaute américain Neil Amstrong lorsqu'il fit son premier pas sur la lune : « C'est un petit pas pour l'homme, mais c'est un grand pas pour l'Humanité. »

Cette parole énonce une grande vérité : chaque effort

intérieur effectué par chaque homme est transmis par résonance dans le corps de tous les hommes, car ils sont tous et toujours contenus dans l'Espace d'ÊTRE qui œuvre en nous.

Mais il est naturel que les humains ne puissent acquérir que peu à peu cette ouverture sur une profondeur qui leur permettra de comprendre par leur propre « vécu » et non à travers les opinions et les enseignements des autres.

Aujourd'hui l'homme est à la disposition de son corps alors que le corps doit être à la disposition de l'ÊTRE, dans un « renversement dynamique ». Cela est dit dans les Évangiles : « Il faut que LUI grandisse et que, moi, je décroisse » (Év. Jean).

Regardez attentivement le schéma, sans analyser, en laissant l'esprit s'imprégner profondément. Un jour la signification indicible vous envahira et vous « connaîtrez » au lieu de simplement « savoir ».

L'intuition est la relation des trois centres de l'homme simultanément unis avec l'ÊTRE. Seule l'unité de ces trois centres permet le « passage » du mur du mental bis, car elle inverse sa charge énergétique.

> « *Car personne ici-bas ne termine et n'achève.* *Les pires des humains sont comme les meilleurs.* *Nous nous éveillons tous au même endroit du* *rêve. Tout commence en ce monde et tout finit* *ailleurs.* »
>
> Victor HUGO, *La Tristesse d'Olympio*

C'est un fait : Jean n'est plus. Il fut emporté en quelques heures à peine, sans que rien le fît prévoir. Mais cela n'a nul lien avec la cérémonie religieuse à Saint-Séverin, la mise au caveau de famille dans le cimetière Montparnasse. Jean est mort seulement pour nous qui sommes encore des vivants au sein de la Société qui nous reconnaît comme tels.

Qu'a-t-il à faire dans le « sarcophage » de ciment où fut déposée sa dépouille ? Voyez si le mot transmis par une longue tradition est juste !

Jean est toujours ici... mais d'une autre façon, et je n'essaie pas de m'en donner une image. Ce que je sais avec certitude, c'est qu'il en sera toujours de même, où que je me tienne. Il n'est pas en mon pouvoir de m'en séparer, car il est UN avec moi, comme le sont mon père, ma mère, et tous ceux que j'ai connus et aimés, et qui nous ont quittés.

Pour les retrouver, je dois entrer en moi profondément... ouvrir une porte... descendre encore jusqu'à l'émergence de la vibration indicible et m'intégrer dans la plénitude de son jaillissement ineffable. Pour moi qui ai

fait l'expérience contrôlée de me séparer de mon organisme physique et l'ai revêtu de nouveau sans interruption de ma conscience d'Être, « je sais » que la vie n'est
pas terminée lorsque le corps s'arrête de fonctionner. On
ne meurt pas parce que la vie quitte le corps, c'est
seulement une existence qui se termine.

Le corps de Jean fut l'outil par lequel la VIE-
Conscience agissait dans les limites des fonctions de ce
corps. La VIE est l'Océan, l'existence, une des innombrables vagues. Le septième sens relie la vague à l'océan dans
l'instant « vécu ».

Comment Jean eût-il pu perdre la Vie, puisqu'il EST la
VIE... La VIE qui se parle à elle-même à travers ses
continuums psychosomatiques que nous sommes, nous
les humains ?

La VIE est l'Intelligence-Conscience-Amour de la Planète, et c'est de Sa VIE que « je vis ». C'est en elle que je
retrouve la Vie de Jean...

Et elle est là tout entière au moment où la mienne ne
semble plus rien contenir. Ce qui s'est effacé, qui a
disparu, ce sont les apparences trompeuses de ce qu'il
était vraiment. Mon regard envers lui était infirme, avec
des a priori... L'ai-je jamais connu ?

Il me semble aujourd'hui qu'une barrière d'images
mentales consolidée par des opinions, des jugements
hâtifs déformait nos rapports affectifs, nous privant du
véritable contact de cœur à cœur...

Aujourd'hui son absence est tangible, granitique pour
mes sens intérieurs. C'est au-dedans de moi que la
rencontre a lieu désormais, dans ce point insituable où
nous sommes unis à tout ce qui respire dans l'univers
créé. Nous ne nous dressons plus en face l'un de l'autre
avec nos carapaces d'habitudes qui sclérosent nos cœurs.
La perception que j'ai de lui aujourd'hui actualise la
réalité invisible de notre rencontre.

Bientôt, je pense, je quitterai mon corps où la vie se
figea dans le gel d'un instant de son temps. Je rejoindrai

les myriades de vies jamais lasses de s'élancer éperdues d'amour dans le ciel sans limite, source d'incessants jaillissements poudrés de lumière, pour s'enfouir inconscientes dans les corps naissants des enfants des hommes.

Une pensée d'Héraclite s'impose à mon esprit : « Ce qui attend les hommes après la mort, ce n'est ni ce qu'ils pensent, ni ce qu'ils espèrent, ni ce qu'ils imaginent. »

L'existence humaine commence et se termine. La VIE ne commence ni ne finit, Elle EST. Là où JE SUIS est la VIE.

Je suis consciente d'aborder dans ce livre des thèmes très délicats. Cependant je ne peux les passer sous silence, car je sais par expérience combien une réflexion approfondie, une méditation consciente dispensent à celui qui est persévérant dans sa recherche de la connaissance de Soi des expériences « vécues », dévoilant bien des mystères dont il ne soupçonnait pas l'existence.

Ni l'université ni les livres ne pourront remplacer pour vous ce que seule l'expérience personnelle peut faire. Nul ne peut s'alimenter à votre place. L'ÊTRE ne peut être connu que par contact direct. L'instant de la mort est l'ultime possibilité offerte à l'homme de « vivre » l'expérience du « JE SUIS ».

C'est un fragment d'éternité.

> « *Comment cela s'appelle-t-il, quand le jour
> se lève, comme aujourd'hui, et que tout est
> gâché, que tout est saccagé, et que l'air pourtant
> se respire, et qu'on a tout perdu, que la ville
> brûle, que les innocents s'entre-tuent, mais que
> les coupables agonisent, dans un coin du jour qui
> se lève ? — Cela a un très beau nom, femme
> Narsès, répondit le mendiant, cela s'appelle
> l'aurore.* »

Jean GIRAUDOUX, Électre

Je reçois une lettre d'Atvidaberg en Suède. Christine et sa
famille ont fêté le Nouvel An dans une abondance de
bougies multicolores, comme on les aime dans les pays
nordiques. Des arbres de Noël scintillants de lumière
parent joyeusement l'extérieur de presque toutes les
maisons de campagne dont les fenêtres s'ornent d'étoiles
flamboyantes, de chandeliers, etc., me dit-elle.

Merci, Christine, de raviver en moi le merveilleux
souvenir de la troublante Scandinavie. À vous lire
j'éprouve l'étrange sensation d'être entourée de toute part
par la présence vivante de l'âme de votre beau pays.
J'entends l'insaisissable murmure de la voix qui m'imprégna
si profondément dès mon premier voyage dans la
patrie des Vikings.

Je rêvais d'eux depuis mon enfance. Pourquoi les héros
des contes et des légendes d'Andersen, de Selma Lagerlöf
ont-ils frappé aussi fortement mon imagination enfantine ?
Pourquoi ai-je été captivée par la littérature scandinave ?
Que ce soit Sigrid Undset, Pär Lagerkvist, Ibsen,
Strindberg, etc. En vérité je ne sais. Le destin fait-il ainsi
des signes dans le déroulement silencieux d'une vie ?

Tout a commencé dans le vieux collège[1] de mon
enfance, où pendant les heures réservées à la lecture, *Le*
Merveilleux Voyage de Nils Holgersson, œuvre de cette
intarissable conteuse que fut Selma Lagerlöf, offrit à mon
âme d'enfant l'émerveillement des trolls, des tomtes, des
lutins, des gnomes, tous génies familiers de votre terre
nordique.

La Suède me combla au-delà de toute espérance. Ma
méconnaissance absolue de la langue me plongea dans un
monde de sensations et de sentiments dont je ne soupçonnais pas la richesse. Inextricablement enchevêtrés, ils
sont une « somme », une totalité riche d'enseignements.
Je leur dois sans doute en partie, sinon en totalité,
l'amplitude de ma faculté de « perception » qui ne fit que
s'accroître, semblant répondre à ma nécessité profonde.

L'évolution de ma sensibilité perceptive amorça l'étape
d'une croissance qui depuis lors s'élargit sans cesse. Mes
rencontres dans la solitude de l'eau et du ciel, lorsqu'on
remonte vers les terres arides du Grand Nord, furent des
rencontres de bonheur. Respirer le silence de la forêt,
s'offrir aux rayons d'or du soleil qui joue à la surface du
lac tranquille, sentir sur son visage la caresse de la brise,
vaporeuse comme une mousseline... Vivre cela totalement présente, c'est se placer instantanément au-dessus
des congères de la logique mentale qui sont aux
commandes habituellement.

À ce niveau, mon existence personnelle m'apparaît
comme une cellule du Grand Corps Humanité. Analogiquement, les cellules de notre corps se renouvellent
chaque jour en partie, et les cellules humaines tous les
soixante-dix, quatre-vingts ans environ, pour certaines
plus rapidement. Mais par l'éveil du septième sens nous
participons à la conscience du grand corps-humanité ; il-

---

1. Le « bahut », tant de fois cité dans l'œuvre de René Barjavel, de
Georges Frelastre, le collège de ma ville natale Cusset, cité médiévale
chère à Louis XI.

est le lien conscient unissant les deux mondes de
l'homme. Mes expériences me permirent de le vérifier en
moi-même. Ce fut alors MA vérité, mais seulement
valable pour moi, comme la vérité de l'oiseau qui brise sa
coquille et ouvre les yeux sur un nouvel univers. Elle est
la vérité de la graine lorsque la pousse printanière perce le
terreau et naît au monde des herbes.

Chacun de nous porte en lui Sa Vérité, et d'abord la
vérité de son Être. Tout est en nous et nous sommes en
tous. La théorie holographique l'affirme et en permet la
vérification. C'est notre perception sensible et sensitive
de Cela qui EST notre septième sens, le sens qui nous relie
à l'univers par une ouverture intuitive qui nous conduit à
l'essence de toute chose.

Munis de ce viatique, nous rendre disponibles à
l'impulsion originelle du Grand Tout. À cet instant, il y a
« coïncidence » entre le « soi-même » qui se distinguait
de son environnement et la Conscience d'Être Universelle. Le sens profond de ce que j'exprime ici, sans doute
avec une certaine maladresse dont je vous prie de
m'excuser, est le fil rouge qui chemine à travers chaque
page, la reliant à la suivante dans un espace empli de
certitude : c'est la VIE universelle, le JE SUIS qui œuvre
dans « ma » petite vie personnelle.

L'homme,
pont entre deux mondes

> « *La conscience et l'Intelligence sont anté-*
> *rieures au cerveau, mais celui-ci est une structure*
> *permettant de les manifester et d'en exprimer les*
> *contenus.* »
>
> David Bohm (physicien)

Nous existons simultanément dans deux mondes : celui de notre personnage physique et psychique, discontinu et limité dans l'espace et dans le temps et celui de la Vie Universelle, au-delà de l'espace et du temps, auquel nous participons tous par notre Être Immortel.

L'articulation entre ces deux mondes est le « Vécu » simultané des deux.

Tout vécu est un processus en action. L'esprit humain est le « pèlerin-Attention » qui chemine à travers les cerveaux depuis l'homme des cavernes jusqu'à nos jours. Gargantua insatiable se nourrissant « des histoires-existences d'hommes » dans son inlassable quête de la connaissance.

Un philosophe a dit : « Le banquet de la Vie est devant nous ; la seule question qui se pose est celle de notre appétit. L'appétit est la chose importante, non le festin. »

L'humanité dans l'espace et dans le temps exprime sans doute une réalité d'ordre cosmique dans laquelle l'homme, pris comme individu, représente un grain de sable. Je pense qu'il existe *un seuil* à passer pour chacun de ces grains de sable : comprendre que sa propre existence est une goutte d'eau dans le fleuve de la VIE éternelle. Un second seuil est encore possible à franchir pour celui qui sait *en le vivant* qu'il est simultanément la goutte et la totalité du fleuve.

Lorsqu'un enfant vient au monde, la vie qu'il exprime est exclusivement la vie de son Être, l'Être qui revêt ce corps doté de facultés sensorielles et de mécanismes physicopsychiques. Puis peu à peu dans ce corps se développeront une capacité émotionnelle et un début de fonctionnement mental, qui amorceront une ébauche de personnalité.

La potentialité de l'Énergie-Vie alimente presque exclusivement le développement physique et psychique, c'est-à-dire le monde temporaire et limité qui est essentiellement le monde extérieur, aux dépens du monde de l'Être, dont l'expression émane directement de la Conscience Universelle.

Durant toute son existence, l'homme devra œuvrer pour découvrir son véritable monde intérieur, qui *n'est pas son psychisme*, pour tenter l'harmonisation des deux dans une seule unité d'expression. Dans le monde de notre personnalité, la pensée et le sentiment sont déconnectés, et le plus souvent s'ignorent. On pense une chose, on en fait une autre. C'est le drame éternel de la contradiction que saint Paul mit en évidence il y a vingt siècles déjà.

Il existe une vie minérale, une vie végétale qui permit une vie animale, puis une vie humaine avec l'apparition d'une énergie mentale complétant les énergies musculaire et nerveuse.

L'énergie spirituelle est l'énergie du monde de l'Être. Et c'est en l'Homme qu'elle peut apparaître sur cette planète. À la différence des diverses modalités de l'énergie qui s'expriment à travers lui en l'animant mécaniquement et parfois semi-consciemment, l'énergie spirituelle demande la participation *consciente* de l'homme. Une participation neutralisant toute activité émotive et mentale, qui nécessite le contrôle parfait de ces deux fonctions, mais non leur contrainte.

Le corps peut être considéré comme un alambic et la substance à distiller est l'attention telle que nous la connaissons. Le feu pour la cuisson et l'évaporation sera fourni par notre désir de comprendre, de connaître et de se connaître. Naturellement, le feu ne devra pas s'éteindre. Aussi sera-t-il nécessaire de veiller à ce qu'il soit entretenu.

— Qui veillera ?

— Une attention *libérée du psychisme*, c'est-à-dire sans vouloir personnel, une attention *consciente*.

Mais il faut une longue patience, une persévérance à toute épreuve pour effectuer cet obscur travail de « *distillation* » avant de recueillir une infime parcelle de la substance sacrée : ... l'essence de l'attention qui est Conscience.

Chaque arrêt dans le maintien du foyer intérieur fera chuter la température, et il faudra repartir à zéro... jusqu'à ce que le chercheur soit devenu apte à se détacher de lui-même, par l'acquis du contrôle de sa pensée, c'est-à-dire de son cinéma cérébral.

Lorsqu'un certain nombre d'éléments sont présents, leur rapport met en jeu telle ou telle capacité nouvelle de l'ensemble et des facultés insoupçonnées apparaissent. C'est un fait reconnu en biologie, en chimie, en physique...

Il en va de même pour « l'éveil » de fonctions supérieures de la Conscience en l'homme, indépendamment des parties mortelles physiques ou psychiques de son corps. On peut dire qu'il s'agit d'une nouvelle forme de perception, en dehors de toute représentation imagée ou verbale, qui va bien au-delà de la conscience restreinte habituelle.

Cela se traduit par un éveil *momentané* de la conscience en un état « hors dimension » où l'homme accède à une certitude d'un autre ordre. Un état où il se découvre, se connaît comme une « cellule » de l'Être Universel. Et cela, sans transe médiumnique ou mystique, sans environnement privilégié, mais le plus naturellement du monde au cours d'une promenade solitaire ou au milieu d'une foule, dans un grand magasin ou dans le métro aux heures de pointe...

Parler ainsi de mon expérience tant de fois renouvelée, c'est entrer de façon foudroyante dans l'irrationnel pour lequel il n'existe pas de concepts, pas de mots... car elle domine d'une façon absolue tous les « vécus possibles » et imaginables.

Elle introduit une révolution à l'origine de la sensation d'exister. Elle est l'évidence qui impose la certitude irréfutable que CELA EST, Ici et Maintenant. Cette certitude amplifie et pénètre les cellules de mon corps qui ressent viscéralement sa participation à la Conscience Cosmique qui l'intègre dans son Unité de VIE.

Réfléchissons... l'instant vécu contient TOUT. Mais il faut la durée pour expérimenter, l'une après l'autre, les virtualités qui se concrétisent selon les lois très précises de la Création. L'homme découvre parfois certaines d'entre elles. Il les codifie, il les utilise pour son usage personnel, mais elles demeurent indépendantes de son action.

Des courants d'énergies inconnues tissent notre Univers. La gravité existait avant Newton... Le principe d'hydrostatique existait avant qu'Archimède ne le découvre... La radioactivité existait avant que Pierre et Marie Curie ne l'identifient dans le radium. Pascal écrivit : « La dernière démarche de la raison est de comprendre qu'il existe une infinité de choses qui la surpasse. »

Comprenons qu'au-delà de la connaissance logique exprimée en concepts il existe une sorte d'espace-compréhension latent, générateur d'une connaissance inconcevable et intraduisible pour nos facultés mentales, une connaissance qui ne peut être que « vécue ». Alors nous

comprendrons, *en le vivant*, la différence de nature entre
ÊTRE et penser qu'on EST.

Nous ne pouvons accéder à cet état de Conscience-
Connaissance qu'en cessant de nous prendre pour l'idée
que nous avons de nous-même. En « lâchant prise »
totalement et instantanément cœur, corps, esprit comme
le trapéziste lorsqu'il lâche la barre... alors seulement, il
peut être *happé* par les mains du porteur qui l'attendait.
À cet instant, nous ne sentons plus le besoin de justifier
notre expérience au regard de notre raisonnement analy-
tique. Toute la Vie est présente et contenue dans chaque
créature, œuvrant selon la gamme multipliée à l'infini des
possibilités d'actions, pour le meilleur et pour le pire.

Nous ressentons l'Être comme l'Essence de toutes les
vies particulières. C'est en lui que se condensent les
« instants vécus du temps ». Il est l'Unique, toujours
présent, s'exprimant par un fragment d'expression,
comme le courant électrique indivisible s'exprimera par
une lumière blanche, bleue, jaune, rouge ou verte, selon
la coloration des ampoules... Le réel est le courant
invisible en dehors de ses effets. L'incandescence dans
l'ampoule est seulement le reflet... l'image.

Cette prise de Conscience EST Ici et Maintenant. En
elle les illusions de notre mental turbulent se dissolvent.
Le corps est tranquille, la parole (vous savez ce monologue intérieur qui ne cesse jamais) est silencieuse, la
pensée est alerte et lucide. Il règne un état d'Attention
consciente et dynamique. *Une Attention sans intention.*

Alors, je vous en prie, prenez un instantané de cet
instant qui est essentiellement une sensation d'intensité
et de clarté. Cet instant hors de la durée appartient
désormais à votre vécu personnel et ne s'effacera plus.

De votre *appréciation* de cet instant dépendra le *retour*
d'instants semblables, de leur fréquence et de leur acuité.
Ainsi s'inscrira dans votre intimité la plus profonde une
mémoire du Vécu par l'Être qui demeure à jamais.
Dégagée du psychisme turbulent, apparaîtra une activité

harmonieuse de toutes les fonctions biologiques, ce qui représente un facteur important de santé.

La connaissance est un processus vivant qui comprend différentes modalités d'expression. Or nous connaissons seulement celle qui nous est donnée par notre activité intellectuelle... c'est insuffisant. Nous savons par exemple ce que représente un morceau de pain. Nous pouvons le voir, le toucher, le sentir, c'est-à-dire en avoir une appréciation de l'extérieur. Néanmoins, sa première qualité, qui est d'être essentiellement une nourriture pour notre organisme, ne sera pas utilisée tant que nous ne l'aurons pas mangée, digérée, assimilée. La farine, l'eau et le sel qui en demeurent les composants feront à cet instant partie intégrante de notre sang et, par lui, de nos cellules mêmes. Ce pain « transformé » en énergie participe de l'énergie-Vie-Conscience qui permet nos mouvements, nos pensées, nos sentiments. Je « vois » que plus le degré de connaissance s'accroît en complexité, en subtilité, plus les substances qui y ont participé s'élèvent dans l'échelle de l'intelligence cosmique...

Un homme privé de nourriture peut de moins en moins penser, agir, être conscient. Cependant trop de nourriture aurait un effet semblable, bien que différent dans son expression. Donc il existe un point d'équilibre qui serait une mesure de la proportion des substances requises. Partout se révèle une loi d'harmonie indispensable à l'expression de la VIE sous toutes les modalités d'expression de sa multiplicité.

À l'instant où j'écris ces lignes, je LE SAIS, je LE SENS, je LE VIS. Tout mon corps participe de cette évidence ; mon intelligence cérébrale me prête seulement les mots pour l'exprimer. Mais cette « sensation » intraduisible va s'atténuer, s'effacer, et il n'en restera que le souvenir qui appartiendra à ma mémoire du vécu, ce qui est déjà énorme. C'est d'ailleurs ce qui me permet de faire la différence entre ces deux états de connaissance.

Cet instant hors du temps ne contient ni distance ni

durée. C'est un « éclairement », source de tout le créé. Je n'ai aucun pouvoir sur sa venue ou son absence. Je sais cependant que sans le travail de recherche de la Connaissance de soi que je poursuis depuis cinquante ans, je ne connaîtrais pas ces éclairs fulgurants qui bâtissent un PONT de COMPRÉHENSION entre les deux mondes de l'homme : l'Intemporel et le Temporel.

Mais il faut bien comprendre que ce pont est *vertical*. La relation avec l'Intemporel est verticale, alors que les relations avec les événements qui tissent nos existences se déroulent dans le temporel horizontal.

Ce que j'appelle « la VIE dans " ma " vie[1] » est la prise de conscience fulgurante qui *coupe* verticalement le temps de mon existence, et lui ouvre soudain une porte sur « l'inconnu » !

Lors d'une conférence, une question me fut posée par un auditeur avec une très grande intensité :

— Quelle est pour vous l'importance de la vie de l'Homme ?

J'éprouvai en moi comme une explosion de toute ma démarche intellectuelle et spirituelle. Les limites de mon intelligence rationnelle auxquelles je me heurtais habituellement disparurent en me gommant moi-même, en tant qu'entité personnelle. Il n'y avait plus qu'une « connaissance » de ce qui était demandé et qui répondait :

— L'homme existe pour que germe et se développe en lui un septième sens : le sens d'ÊTRE qui est une manifestation naturelle de la Vie. Il est indépendant de l'espace et du temps. Il est l'organe de la perception directe qui connaît sans verbaliser. Il est la PRÉSENCE dans l'homme.

Dans un langage alchimique, il peut être assimilé au

1. *La Conscience d'Être, ici et maintenant*, Éd. Arista, préface de Daniel Jeandet.

« rayon igné » sans lequel le Grand Œuvre ne pourrait se réaliser.

Je n'avais jamais songé à ce terme : « Septième sens ». Il s'imposait à moi sans équivoque. C'est le sens de l'éveil intérieur, et le travail sur soi est une suite d'éveils. Lorsque l'enfant *reconnaît* pour la *première fois* le visage de sa mère et tout objet appartenant à son environnement familier, il l'a vu de nombreuses fois déjà avant cette première prise de conscience...

Je constate l'évidence que mon corps (cette masse de chair, d'os, de nerfs et de sang) « peut » VIVRE à un autre niveau simultanément avec le niveau habituel. Il peut être présent jusque dans ses cellules. Alors l'environnement extérieur n'est plus devant moi qui le regarde comme on regarde un film sur un écran. J'y suis intégrée par la vie même de mes cellules qui ne peuvent s'en séparer... Leur ciment ?... c'est l'énergie-Vie-conscience qui les maintient vivantes... Je n'ai ni commencement ni fin. Je suis, et c'est tout. Aucune question ne se pose. Les pourquoi, quand, comment, ont disparu. Le corps s'est spiritualisé, l'Être s'est fait chair le temps d'un instant...

Il faut nourrir cette perception nouvelle de la seule nourriture qui lui convient : l'*Attention*. Notre attention habituelle est statique. Celle dont je parle est dynamique et créatrice. Elle transforme notre corps en récepteur, émetteur, accumulateur d'énergie. Ce qu'il est déjà, mais en potentialité seulement. C'est par elle que le virtuel devient actuel. C'est une autre façon d'Être, ici et maintenant, au milieu de l'insaisissable mouvance des instants du temps.

Mais qu'est-elle, cette conscience-intelligence ? Quelles dimensions, quel poids, quelles mesures a-t-elle ? Certes, si l'homme est victime d'un accident et qu'une partie de ses neurones est atteinte, cette merveille va disparaître. Car c'est en l'homme, sur cette terre qu'elle peut œuvrer de cette façon... Mais enlevons les cordes du violoncelle de Rostropovitch... qu'adviendra-t-il ?... Privons de

laboratoires nos chercheurs... de télescopes nos astro-
nomes... nous n'aurons pas détruit pour cela leur *capacité
fonctionnelle* de recherche, mais seulement la possibilité
de son expression.

Eh bien, si cette capacité de recherche menée extérieurement, c'est-à-dire sur la matière, se tourne *volontairement* et *consciemment* à l'intérieur de soi-même, en
remontant jusqu'à l'apparition de la pensée : moi-je,
jusqu'à la naissance de la « sensation d'exister », sans
RIEN d'autre, sans image, sans pensée, sans mot... un
univers s'écroule : celui que nous avons construit jour
après jour, et c'est lui qui nous cachait la Réalité qui est :
VIE-CONSCIENCE-CONNAISSANCE.

Souvenons-nous : « Si vous ne devenez comme le petit
enfant, vous ne pourrez entrer dans le Royaume. »

Matériellement rien ne sera changé : les montagnes
resteront les montagnes, les roses rayonneront toujours
leur parfum et les oiseaux voleront dans le ciel, mais la
« vision » de l'homme pour l'homme aura volé en éclats.
Il se sera « vu ». Il connaîtra son origine. Il comprendra
la place et le rôle de sa vie d'homme dans le Grand
Organisme universel. Il pourra alors l'assumer en l'accep-
tant consciemment. Rien ne semblera changé dans les
apparences et cependant tout sera différent.

Dans l'homme éveillé, l'énergie de la Vie monopolisée
par le moi psychologique et exprimée en peur, violence,
jalousie, angoisse, envie, etc., sera libérée de ces formes
aveugles et destructrices. D'elle-même elle retournera à
la source d'où elle rayonnera, enfin éveillée, unissant
l'intérieur et l'extérieur en une seule unité d'expression.

Je suis totalement d'accord avec le professeur Karlfried
von Dürckheim [1] avec lequel je m'entretins longuement
chez lui, à Todtmoos-Rütte dans la Forêt-Noire. Ainsi le
Professeur affirme : « à côté de la science exacte, il est

---

1. Karlfried von Dürckheim, *Le Hara, centre vital de l'homme,
Méditer,* Édition Le Courrier du livre.

une autre forme de science qu'on pourrait appeler la science " de l'homme entre guillemets ", une science dans laquelle la connaissance dépend de la *maturité* du connaissant et le fait accéder à une nouvelle dimension de la conscience. »

Sa conclusion est que : « L'homme de notre temps veut savoir, pouvoir et avoir, mais il ne pense plus à ÊTRE. »

En sa présence, je compris en l'éprouvant qu'il y a un art de vivre que bien peu connaissent, car on le confond avec l'art d'exister dans les limites de notre petite vie personnelle. Cette rencontre fut pour moi un immense privilège, l'inoubliable cheminement à deux sur la route du retour à la source de l'Être.

Le septième sens doit être *éveillé* durant la vie du corps qui est en quelque sorte sa matrice, comme la chenille est la matrice du papillon.

Ce sens, avant son éveil, est la source de toutes nos manifestations et perceptions. Il est l'origine de notre Univers quotidien, *mais nous en sommes inconscients*. Notre intellect focalise notre énergie-vie-conscience au profit de ses spéculations, et aux dépens de notre sensibilité profonde dont elle se coupe parfois totalement.

Nous devons réapprendre « à sentir, à éprouver ». Toutes nos manifestations doivent être « doublées » d'un contenu intérieur « ressenti ». C'est ajouter une dimension nouvelle à notre vécu. Je ne parle pas ici d'un degré supérieur de sensorialité, mais d'un *autre* niveau de modalité de la VIE.

Lorsque je me « décolle » de mon ordinateur cérébral, de mon moi psychologique, et que je me « ressens » dans la globalité de mon corps, la question : Qui suis-je ? se réduit d'elle-même à : Suis-je ? Et si je lui donne toute sa puissance intellectuelle, émotionnelle et viscérale simultanément, en un mot, si JE LA VIS, elle me donne sa réponse qu'elle contenait depuis toujours : JE SUIS. Il faut vivre CELA sans prononcer les mots. Il faut en « goûter » le sens, la saveur, en « respirer » le parfum, en « ressentir » le toucher intérieur... De votre respect pour cette découverte découlera l'éveil de vos sens intérieurs qui sont sous-développés, car ils ne reçoivent pas ou peu la seule nourriture qui leur convient : l'ATTENTION.

Habituellement elle est happée par notre sensorialité qui la projette extérieurement, afin de bâtir notre environnement. Apprenons le « geste » à faire à la source d'où elle jaillit durant toute notre vie, le geste qui « la divise » et soyons le point d'équilibre entre les deux courants. Toutes les Traditions, toutes les Religions, toutes les Sagesses, toutes les ascèses sous des formes différentes ne visent que ce seul but. Aucune technique, aucun système ne vous l'apprendra. Au contraire, vous vous y trouverez enfermé... Cependant le fait de vous renseigner... de lire... d'entendre vos aînés dans la recherche sera une grande aide sur le chemin de la longue patience, car toutes ces démarches nourriront le feu de votre désir. Mais vous *seul* détenez la clé dans votre intériorité profonde. Vous recevrez à la mesure de ce que vous donnerez...

La seule évolution qui peut se faire aujourd'hui est celle de la conscience. Depuis longtemps déjà, celle des formes qui la contiennent s'est stabilisée. La science a fait des progrès énormes dans tous les domaines, et si nous considérons l'accroissement de ses connaissances en biologie, c'est-à-dire au niveau du « vivant », c'est prodigieux. Il est juste de constater que c'est le fruit de l'intelligence de ses chercheurs, ceux qui ont élaboré, conçu de puissants mécanismes d'investigation et ceux qui s'en servent. Donc la « conscience-intelligence » de ces hommes.

Sur cette route, chaque seuil doit être franchi en son temps. Aucun ne peut être sauté. Il existe un abîme entre chacun d'eux (ils sont situés sur une ligne verticale) et il n'y a pas d'ascenseur...

Cependant toutes ces énergies existent en nous qui sommes

le lieu de leur rencontre, de leur contact, de leur réaction, avec tous les corollaires que cela implique.

Nous sommes à l'échelle humaine le cyclotron de Genève où s'affrontent des énergies d'une intensité fantastique dans un vide intégral. Apprenons à nous vider de nous-mêmes, de nos réactions émotives, de nos constructions mentales imaginaires si nous voulons sentir dans nos fibres les plus intimes l'indicible palpitation de l'Être dont nous sommes une cellule.

Comme les plongeurs sous-marins, il nous faut effectuer un « apprentissage » pour oser descendre dans les profondeurs biologiques de notre Être. Nous devons forger *nous-mêmes* nos appareils de plongée avant de nous aventurer dans les grands fonds, à la limite du manifeste.

La réflexion, la méditation, la prière, la contemplation sont, dans l'ordre, les différentes combinaisons sous-marines indispensables à revêtir.

Ici, je cite Aurobindo : « Car nous voulons une connaissance qui unisse... la connaissance qui divise est toujours un savoir partiel, seulement bon à des fins pratiques. La connaissance qui unit est la vraie connaissance. »

L'instant où l'homme particulier comprend dans un éclair qu'il EST UNIVERSEL est l'instant du retournement, de la « conversion » dans sa conscience. La forme physique habitée par l'Être est devenue consciente, et cette action sans acteur insuffle une modalité d'intelligence inconnue.

Habituellement, le concret est accessible par nos sens et nous l'exprimons rationnellement. Il est moins facile de traduire l'expérience intérieure, qui restera toujours discutable pour certains puisqu'elle ne peut apporter de preuves tangibles, les seules acceptées par la science. Et dans un certain sens, elle a raison d'opposer son refus, car ce serait la voie ouverte à tous les fantasmes...

Convaincue de ce danger, je ne demande à personne de me croire, je sais trop combien de telles affirmations m'eussent semblé inacceptables si je n'avais vécu moi-même ces expériences. Mais justement parce que je les ai vécues, je dois le dire, je n'ai pas le droit de le garder pour moi. L'acceptera ou le rejettera qui voudra...

Dans un état de totale neutralité émotionnelle et mentale, l'impulsion vient directement de la conscience, et le corps connaît l'étrange exubérance d'être « habité » par une Présence inexprimable, par une perception indicible de la Vie qui se reconnaît et LUI parle en SE parlant.

La VIE commune à tous, agissant en tous simultanément, mais reçue *consciemment* seulement par un petit nombre d'appareils humains. Ceux qui sont « ouverts » à son approche. De grands courants d'énergie traversent les hommes sans qu'ils en soient conscients. Il fait encore très noir dans le monde intérieur humain...

Je voudrais faire remarquer une chose très importante :

Nous communiquons par la parole et par les écrits, c'est-à-dire avec des mots. Un mot est un son ou un signe ayant une signification propre. L'un comme l'autre appartient au domaine sensoriel et mental. Mais, et c'est là où se place mon observation, le mot parlé ou écrit « peut » être porteur d'une charge énergétique qui lui ajoute la capacité d'atteindre directement l'auditeur ou le lecteur « ouvert à l'écoute intérieure ».

Et dans la mesure où celui qui le prononce ou l'écrit se trouve lui-même dans un état de totale neutralité émotionnelle et mentale, un « contact » peut s'établir avec l'auditeur ou le lecteur. Lorsque le courant passe, l'ampoule rayonne la lumière...

Là, gît le secret de l'écho dans l'intimité profonde de l'Être.

Lorsque la Présence consciente est là, le corps l'exprime. Laissons-la couler en nous sans la bloquer nulle part. Ainsi sera harmonisée notre participation aux deux mondes de l'Homme : le temporel où l'on naît et où l'on

meurt, et l'intemporel, celui de l'ÊTRE infini, illimité, qui
tour à tour nous émane et nous aspire dans le souffle de sa
respiration cosmique.

Tout ce que j'ai écrit, tout ce que j'ai dit lors de
conférences, d'émissions de radio, ne visait et ne vise
qu'un seul but : préparer Ici et Maintenant, dans le corps
qui nous est dévolu, l'éclosion et la croissance de la graine
d'Être qui est enfouie en chaque créature humaine. Elle
appartient à ce « pollen » de l'âme qui s'affermit à travers
les vicissitudes de l'existence de chacun d'entre nous.
Elle apparaît alors comme une nécessité de l'Être en
gestation. Elle est ce septième sens dont le nom s'imposa
à moi avec tant d'évidence.

Dans le silence intérieur se joue le mystère de l'éveil de
la Vie à la Conscience Universelle, comme dans la matrice
d'une femme l'ovule vit l'instant crucial de sa féconda-
tion. Ainsi s'ouvre l'oreille intérieure, libérant l'entendement de la Conscience du Cœur. (Cœur pris dans le sens
de Centre du sentiment et non cœur organe.)

Ne pas penser… éprouver… ÊTRE.

Ne vous méprenez pas. Il ne s'agit d'aucune extase,
d'aucune transe… seule une intensité-instantanéité de
Conscience qui est Amour… pas une conscience de soi…
LA CONSCIENCE EN SOI.

Il s'agit d'une impression intraduisible au niveau de la
formulation verbale. L'œil ne peut la saisir, l'oreille ne
peut l'entendre, le cerveau ne peut la comprendre. Seule
une disposition attentive de tout l'Être peut la recevoir et
l'assimiler dans le secret de son Être.

Une légende citée par Vivekananda au siècle dernier
chante dans ma mémoire [1] :

  « Sur le même arbre se trouvent deux oiseaux, l'un
  perche tout en haut, l'autre en bas dans les branches.
  Celui qui est en haut est calme et silencieux, resplen-

---

1. Swami Vivekananda, *Les Yogas pratiques*, traduction de Jean
Herbert, Éditions Albin Michel.

dissant d'un merveilleux plumage aux reflets dorés. Celui d'en bas mange tour à tour les fruits aux brillantes couleurs, soit amers, soit sucrés. Il saute de branche en branche, tantôt heureux, tantôt malheureux. Lorsqu'il goûte un fruit particulièrement amer, il est très déçu et inconsciemment son regard s'élève vers le faîte de l'arbre où l'éblouissant oiseau ne bouge ni ne mange, tout entier empreint de sérénité. L'oiseau du bas envie cette paix, mais se remet à manger des fruits et oublie l'oiseau du sommet, jusqu'au jour où un fruit vraiment trop amer le fait sombrer dans le désespoir. Alors de nouveau il lève les yeux et dans un effort il parvient tout près de l'oiseau magnifique. Les reflets d'or de son plumage l'enveloppent lui-même dans un flot de lumière, le pénètrent et le dissolvent en une brume diaphane. Il se sent fondre et disparaître... Il n'y a toujours eu qu'un seul oiseau, celui du bas n'était que le reflet, le rêve de celui du haut. Les fruits doux et amers qu'il mangeait, ces joies et ces peines qu'il a vécues tour à tour, n'étaient que vaines chimères.

Le seul oiseau véritable est toujours là, au faîte de l'arbre de la Vie, calme et silencieux. Il est l'Âme humaine au-delà des bonheurs et des peines. »

Je ne sais pas ce que je suis
mais je sais que « je suis »

« *L'Art de vivre est le plus grand art.* »

KRISHNAMURTI

Pendant des années nos vacances prises toujours sans plan précis, sans horaire fixe, presque sans itinéraire, c'est-à-dire au gré de la fantaisie et du hasard, furent pour moi une source d'enrichissement qui m'apprit que si les plaisirs que la vie nous offre sont fragiles et précieux, ils réclament notre respect, et lorsque la tendresse et la gravité les accompagnent, ces vacances composent un merveilleux livre d'images.

Habituellement, nous voyageons à la surface du monde. Nous nous promenons le long des choses en les caressant du regard, et nous affirmons que le monde, c'est cela, sans prendre garde que nous confondons le reflet dans le miroir de nos yeux avec les choses elles-mêmes.

La connaissance a lieu à l'intérieur de nous, là où se nouent en un réseau vivant tous les courants de l'univers. Nous sommes le super-poste de radio, dont nous n'avons utilisé durant de longues années que les grandes ondes, ignorant qu'il en existait d'autres. Avec une certaine complexité d'organisation des éléments à l'intérieur des récepteurs miniaturisés, il fut possible de recevoir (en

modulation de fréquence) France-Culture, France-Musi-
que, et de s'en imprégner.

Nous savons aujourd'hui, sans nous émerveiller pour
autant d'ailleurs, que nous pouvons aussi utiliser des
ondes courtes, ultra-courtes, radar, etc. Il suffit souvent
d'un « recentrage » minime, d'un « geste » sur un clavier
pour les capter.

L'esprit humain qui fut capable de concevoir ces
appareils n'a fait que reproduire artificiellement une
fonction potentielle en lui : communiquer avec d'autres
niveaux de Vie-Conscience-Connaissance, recevoir leurs
« émissions », reconnaître leur langage, afin de le traduire intellectuellement.

J'ai devant moi la Vie toute-puissante et je vois qu'elle
implique pour être éprouvée une attitude nouvelle,
simultanément physique et mentale. La seule relaxation
musculaire ne suffit pas ; elle n'engage pas le « moi »
profond.

Je vois ce qu'il advient si je laisse la Vie me pénétrer
jusque dans mes cellules, sans que je lui oppose la
dérisoire résistance de mon petit moi besogneux : elle me
fait entrer de plain-pied dans un univers qu'il ne
m'appartient pas d'interpréter en termes d'intériorité-
extériorité, mais plutôt dans le sens d'une rencontre avec
moi-même et tous les innombrables moi-même que sont
les autres.

Alors la vie, ne trouvant plus d'obstacles, emplit tout
et toute chose et « m'ouvre » au monde des « temps
nouveaux ».

Il ne s'agit pas de croyance ; la croyance est mentale et
ne peut transformer le niveau du regard porté habituellement sur l'extérieur, en la « vue pénétrante », fruit de
l'ascèse chez les Tibétains. Chaque instant est une porte à
pousser. Encore faut-il avoir découvert dans quel sens
elle s'ouvre.

C'est ici, dans son corps et son psychisme, au milieu
des épreuves provoquées par des heurts de conscience,

que l'homme peut s'éveiller à son septième sens. C'est dans son propre corps qu'il doit éprouver un dépassement dans l'infini de son ÊTRE.

Nous sommes tous en l'Être et dans son énergie qui est AMOUR. « Aimez-vous les uns les autres », le sens profond de ces paroles dites et redites des millions de fois par des millions de bouches depuis deux millénaires prend toute son ampleur. Il demeurait caché, recouvert par les couches successives d'images mentales qu'il avait suscitées, le transformant en morale conventionnelle, le vidant de sa substance et de son dynamisme créateur.

Partout ces paroles traduisent une immense vérité. La fabuleuse énergie créatrice de l'ÊTRE ! Le mot AMOUR est le sigle qui la désigne, au même titre que « E = Mc² » désigne l'énergie nucléaire que l'homme a trouvé le moyen de libérer en cassant le noyau de l'atome.

Il nous est offert d'assurer la libre circulation de l'énergie-Amour-Vie-Conscience entre les « cellules-hommes », la laissant nous englober en un corps plus vaste, à l'échelle de la planète, et en lequel nous sommes tous LUI, tous UN.

L'Unité EST la fonction créatrice. La séparation et la multiplicité sont dans le manifesté, dans les formes temporelles qui fractionnent le temps en années, heures, minutes, secondes, etc. Laissons-nous envahir par le silence intérieur source de l'intuition.

Soyons à l'écoute... attentifs et lucides !

Le septième sens, le sens de l'ÊTRE, est le « décodeur du Verbe-Intuition ».

Nous passons toute notre vie à côté de miracles, sans les reconnaître tant ils semblent être naturels. Il m'en vient un exemple à l'esprit :

Le vin, que nous apprécions tous, est PLUS que le jus du raisin. De celui-ci, il conserve le goût, mais il s'y « incorpore » une qualité d'une nature différente qui a la capacité d'agir sur les neurones du cerveau, d'en modifier l'activité et, suivant le degré de cette étonnante capacité, de lui être bénéfique ou néfaste.

Toujours et partout se révèle un ordre transcendant tous les niveaux de la création. Un ordre qui résulte d'un équilibre physique et psychologique : ni trop... ni trop peu. La Vérité est toujours ce fil tendu entre deux abîmes. Nous sommes éternellement le funambule, parce que l'homme est le terreau où germe la Conscience.

En cette année 1989, alors que la crise économique ramène constamment les préoccupations précises de la vie matérielle à assumer, que l'avenir semble bouché, que la violence affleure de toutes parts, consacrer un livre à la recherche de l'actualisation en l'homme d'un niveau d'énergie inconnu semble relever de l'utopie la plus extravagante. Cependant il n'a jamais été plus urgent de nous éveiller de notre sommeil incoercible, de faire le point sur ce que nous appelons la Vie, de nous mettre à l'écoute intérieure de l'Appel de l'ÊTRE qui résonne au centre de notre profondeur.

Une véritable révolution doit s'accomplir à la source de notre sens d'exister. À la place de ce charroi d'incohérences, de conflits de tous ordres, de tourbillons d'anxiétés et d'imaginations stériles, nous verrions jaillir une force puissante et calme œuvrant directement dans le corps et le cœur de l'homme... le miracle se produit dans l'espace-temps « éclaté » où n'existent plus moi et toi, parce que nous sommes tous : MOI. Ce Moi s'exprime à travers le corps directement dans le geste spontané qui transforme le poing fermé en une main tendue...

Libres de toute sentimentalité, nous voyons poindre à l'horizon les premières lueurs d'une aube de liberté... une seconde de cette paix efface des années de luttes et d'amertume.

> « Tourne sans délai ton regard vers l'intérieur
> Là se trouve le centre
> dont nul noble cœur ne peut douter.

Nulle erreur n'est possible,
car la conscience autonome
illumine désormais ta vie quotidienne. »

GOETHE
(*Testament*)

> *« Planter des fleurs fait venir les papillons,*
> *entasser des rochers fait venir les nuages, planter*
> *des pins fait venir le vent, planter des bananiers*
> *fait venir la pluie et planter des saules fait venir*
> *des cigales.*
> *Lire des livres dans sa jeunesse est comme*
> *regarder la lune à travers une fente. Lire des*
> *livres dans l'âge mûr, est comme regarder la lune*
> *dans une cour; lire des livres dans la vieillesse*
> *est comme regarder la lune sur une terrasse. Cela*
> *parce que le profit de la lecture varie selon la*
> *profondeur de sa propre expérience. »*

> Chang CH'AO [1]

J'aime ces maximes chinoises qui nous incitent à jouir de la nature avec simplicité, laissant chaque chose où elle est. Leur goût de la beauté est celui de l'irrégularité, du non-arrangement qui suggèrent le rythme et le mouvement. Pour eux la nature pénètre nos vies comme un tout. Elle est tout entière son, couleur, forme, humeur et atmosphère, et homme en tant qu'artiste de la vie.

Un plaisir inestimable m'est offert chaque fois que j'entreprends ce que j'appelle « le voyage au travers des choses ». Il ne fait aucune distinction entre voyager au-delà des mers et des continents et se promener en solitaire dans le sentier qui borde la prairie. Le mystère réside autant dans la simple haie de mûriers que dans la grandeur majestueuse d'un site lointain et renommé.

Le secret de la vie est partout, dans le brin d'herbe qui tremble sous le vent et dans le scintillement de l'étoile lointaine.

Il est relativement aisé d'accumuler des informations dans notre mémoire, et certains en possèdent une telle somme qu'on les nomme des érudits. Ils sont susceptibles

1. *Yumengying* (« Les ombres du rêve »), XVIIᵉ siècle.

de nous entretenir d'un nombre impressionnant de sujets tant leur esprit est bourré de dates et de noms. Mais ce n'est pas cela la véritable connaissance. Il faut lui associer un certain discernement, avec lequel elle acquiert une profondeur et une indépendance de jugement, qui refuse de se laisser impressionner par une tendance philosophique, littéraire ou artistique « à la mode » parrainée par de grands noms.

À tous les stades des différentes époques de l'histoire des civilisations, c'est l'esprit humain tout entier que nous redécouvrons et étudions ; et l'esprit humain, c'est vous, c'est moi, c'est nous... La science nous dit que l'homme a plus de deux millions d'années et que l'agriculture est apparue seulement il y a quinze mille ou seize mille ans. Dans l'intervalle la vie créatrice a rodé, affiné, aiguisé le complexe biologique qu'il représentait afin de l'expérimenter comme moyen d'expression.

Ainsi existe l'homme, cette créature unique en son genre, qui pense et qui parle ! qui peut prendre une attitude envers ce qui l'entoure, alors que tout ce qui est vivant est incapable de le faire. Il tente de découvrir les secrets de la création, interroge l'univers à travers une recherche scientifique, religieuse, philosophique ou artistique.

J'exprime ici beaucoup de pensées dites et écrites, tant en Occident qu'en Orient, par des penseurs de cultures très différentes et dont beaucoup peuvent paraître banales. Mais je les ai assimilées, jour après jour, elles sont devenues les miennes et font partie de moi-même jusque dans mes racines, inextricablement présentes dans mon sentiment d'émerveillement devant l'univers et la vie.

Elles sont en grande partie responsables de l'irrépressible besoin de comprendre qui demeure l'ultime nécessité de ma quête. Je la poursuis avec l'intelligence rationnelle certes, mais également et dans la même proportion d'interrogations, avec mon corps, à travers les impressions qu'il reçoit, les sensations qui naissent en lui, toute cette partie biologique de la vie qui l'anime. Tout bonheur humain est sensuel, c'est-à-dire sensoriel à l'origine. L'esprit ne peut connaître le bonheur dans un corps malade. Il n'existe pas de moralité ou d'immoralité dans le sens du toucher, de la vue, de l'ouïe, de l'odorat, etc. Ils sont à l'origine de tout le concret de l'existence. Aimons-nous jamais notre enfant avec l'esprit seulement sans l'aimer physiquement de toute la masse de nos cellules ? Lorsque nous craignons subitement qu'il ne coure un danger, notre corps n'est-il pas alerté instantanément, alors que la traduction verbale n'est pas encore apparue ?

Ce sont ces vérités très simples dont nous ne tenons pas suffisamment compte, occupés comme nous le sommes par tant de spéculations abstraites. Ainsi oublions-nous la douceur de l'air matinal caressant la peau, la fraîcheur de l'eau claire d'une source rencontrée par une chaude journée d'été, les parfums amers ou sucrés apportés par le vent, le son d'une cloche lointaine, le sourire de l'être qu'on aime... tous ces instants où l'esprit, le cœur et les sens sont inextricablement liés.

Lorsqu'un homme aime vraiment la nature, il ne peut être cruel envers ses semblables, car la bonté est une chose naturelle qui ne demande aucune explication. Elle est le signe d'une vraie santé morale et mentale et non d'une conviction intellectuelle soutenue par des arguments.

Et, d'année en année, à travers les brumes de l'existence, la vie, au long de mon rêve éveillé, recommença à vivre, écartant la barrière de gel de mes années d'oubli. L'espérance était toujours présente, comme la bonté, elle est une chose naturelle.

J'apprenais peu à peu la richesse du contact direct et immédiat avec la nature et avec les hommes qui en sont issus. Il sécrète une impression-substance qui modifie le rythme de mon organisme, et en premier lieu ma respiration.

Ne demandons pas à notre moi psychologique d'approfondir le phénomène extraordinaire qui nous donna la Vie et nous maintient vivants. Ce serait demander à des aveugles de naissance la vérité sur les couleurs. Combien de fois me suis-je surprise « baignant dans une autre respiration » plus vaste, immense, qui me pénétrait et me contenait, et qui était constamment disponible ? Mais lorsque cette « sensation » inexprimable était absente, l'idée d'elle-même ne m'effleurait plus.

Il advient aussi un moment où « quelque chose » parle en moi et à travers moi et ne commet jamais d'erreur. J'ignore ce que je vais dire. Je m'entends le dire. Je ne sais pas ce que je dois faire, mais dans l'instant je sais ce que je ne dois pas faire. Je vis pleinement l'impression nouvelle et toute-puissante que je suis « autre chose » que mon petit personnage falot et maladroit.

Apprenons à respirer l'infini dans le fini de notre corps. Qu'il entre avec le souffle par nos narines, par tous les pores de notre peau. Qu'il éveille notre entendement, cette oreille intérieure tout au fond de notre poitrine, et nous éclaire de sa lumière immortelle.

Une transformation s'instaura peu à peu dans mon comportement, résultat concret de mon travail intérieur, à la fois hors du corps, par les observations que j'en rapportais, et par la lucidité acquise au cours de la vie quotidienne. Je me retrouve aujourd'hui simultanément la même et une « autre », plus consciente, possédant dans mon être des certitudes inexprimables. La route devant moi se prolonge à l'infini dans la brillance d'une aube nouvelle.

> « *Il suffit pour la Vérité d'apparaître une seule fois, dans un seul esprit, pour que rien ne puisse jamais plus l'empêcher de tout envahir.* »
>
> P. TEILHARD DE CHARDIN

Lorsque je cesse, pendant quelques secondes, d'avoir une intention, un projet, une pensée, spontanément je me sens enveloppée dans la chaleur et la lumière d'une dimension de la Vie plus vaste qui me pénètre et me protège. C'est une Présence immense comme l'océan et mon personnage habituel est une petite vague à la surface.

Je n'écris pas ces mots pour la pensée rationnelle de ceux qui souhaiteront les approfondir. Je leur demande de les recevoir dans leur espace intérieur, là où ils éveilleront un écho, dans l'insondable profondeur où la personne n'est plus impliquée.

L'intellect leur apparaîtra comme une fonction qui codifie, classe, élabore des théories, des systèmes, etc., et ce qui « saisit » cette signification sans mots, ce qui « éprouve » CELA, est indicible. C'est une liberté sans limites, vibrante, à travers laquelle je pense, je sens, j'agis. L'univers qui nous entoure contient une pluralité de dimensions que notre appareil sensoriel ne nous permet pas d'appréhender. Il nous manque ce septième sens auquel je consacre l'essentiel de ce livre, après lui avoir consacré l'essentiel de ma vie, dans une recherche opiniâtre et persévérante qui ne s'éteindra qu'avec moi.

Comprenez qu'on peut être très intelligent, très cultivé et ignorer cependant le plus infime contact avec l'ÊTRE qui est en soi. Seul le silence intérieur peut vous le révéler, et c'est bien naturel, car consciemment ou non il fait jaillir la source. La signification des choses avant qu'elles soient énoncées appartient à l'espace mental commun à tous. Il n'y a pas évolution de l'Être en soi. Il EST en sa totalité. Mais il y a « manifestation » plus complète, plus affirmée à chaque étape de la Vie en son outil : la personne humaine.

Je n'exprime pas dans ces lignes une déduction, une conclusion tirée d'une analyse de faits. Je livre naturellement le « vécu » de certains instants qui échappent au déroulement linéaire du temps et qui, paradoxalement, me révèlent l'importance et la valeur immense de la vie quotidienne, ici, sur notre terre.

Nous sommes mus par deux courants d'énergie, opposés dans leur direction et qui se rejoignent en nous. L'un nous pousse du bas vers le haut. L'autre nous tire à lui du haut. L'un vient de la terre, l'autre vient du ciel. Sous ma plume ces mots terre et ciel évoquent une réalité vibrante, essentiellement mouvante, et c'est avec elle, avec sa vibration fondamentale que nous pouvons découvrir notre relation vitale originelle.

Lorsqu'un enfant vient au monde, il n'est pas encore « né ». Son petit corps est chaud, son cœur bat, il est le fruit de la terre. Il lui manque encore l'offrande du ciel : le SOUFFLE qui lui donnera VIE. Alors les deux courants se seront rencontrés. L'instant de la naissance a toujours représenté pour moi un merveilleux mystère et toute mon existence ne fut qu'un apprentissage de cette impulsion qu'on appelle la VIE à l'intérieur de ce petit miroir déformant que j'appelle « ma vie ».

Entre la terre, patrie de mon corps, et le ciel, patrie de mon esprit, s'étend à l'infini la pluralité de mes pensées et des images qu'elles font naître et mourir. Gigantesque agglomérat de couleurs, de sons, de mots, outre fabuleuse de mes imaginations qui s'enchevêtrent et se coupent au gré du rythme de mon sang dans mes artères. Forêt amazonienne de mes fantasmes recouvrant de sa prolifération de mémoires l'artériole lumineuse de l'ÊTRE qui chemine à travers le vu, l'entendu, le senti, le toucher, du limon des origines à l'éternel jaillissement de la VIE.

L'Homme est « capacité de percevoir », et percevoir c'est créer, donner forme à ce qui est perçu.

La capacité de former des images dans notre esprit selon l'intensité de notre perception ne frappe pas notre conscient, et cependant il s'agit là d'un pouvoir immense : le Pouvoir du mental. Il existe un espace mental indispensable à la manifestation physique et indissociable d'elle. Il recouvre et enveloppe l'espace physique qu'il pénètre intimement. Tous les deux sont contenus dans un espace spirituel infini, source et origine du créé.

Ces espaces peuvent être compris comme des ensembles de vibrations de différents degrés, emboîtés les uns dans les autres et ne se mêlant pas plus que les ondes de lumière, de chaleur et autres qui nous arrivent du soleil ne se confondent. Apprenons à découvrir en nous l'espace d'évocation. Habituellement nous percevons toutes choses à partir d'un point d'observation situé derrière notre front. Par rapport à lui, le septième sens est une conscience plus vaste qui perçoit « directement » par l'ÊTRE en nous, et cette perception ne différencie plus un intérieur d'un extérieur. C'est là que se situe le miracle.

Nous nous sentons immédiatement reliés dans un espace nouveau à une énergie inconnue qui nous régénère, une force qui vient des profondeurs insondables de l'ÊTRE.

Il est essentiel d'admettre que nous ne pouvons pas

restreindre notre vision du monde aux seules perspectives offertes par nos analyses intellectuelles. Nous devons établir une relation entre notre personnalité quelle qu'elle soit et un espace inconnu qui nous contient et nous pénètre. Un espace, non spatial, indépendant de notre conscient humain.

La confusion des intérêts de nos sociétés matérialistes engendre des conflits qui menacent tous les équilibres sociaux, culturels et religieux dont ils font éclater les structures. Le monde est une gradation de niveaux de réalité. Seule, notre « position » sur l'échelle, à l'instant où nous prenons contact avec l'un de ces niveaux, détermine ce qui est « vu ».

La maladie dont nous souffrons est le sommeil incoercible de notre attention qui nous maintient dans un état où « tout nous arrive » sans la participation de l'ÊTRE en nous. Apprenons à voir que tout conflit intérieur fait apparaître « irrésistiblement » des événements extérieurs désagréables, que ce soient des maladies, des accidents, des échecs.

Il est indispensable d'établir en soi un état intérieur dans lequel les sens et l'esprit sont en harmonie. Ainsi pourrons-nous affronter la vie avec la sensibilité d'une âme ardente et généreuse, avec la sagesse d'un esprit tolérant.

Pour refléter la lumière, le diamant doit être taillé. Chacun de nous est un diamant brut que les événements souvent douloureux de notre existence débarrassent de sa gangue et polissent, malgré les résistances que nous leur opposons. Jusqu'au jour où nous réaliserons, en un éclair, que nous ne sommes pas le diamant avec lequel nous nous identifions, mais seulement la lumière qui s'y reflète.

Il me revient à la mémoire une très ancienne légende citée par René Daumal dans un livre [1] que la mort ne lui

1. *Le Mont Analogue*, Éditions Gallimard, 1952.

permit pas de terminer. J'ai toujours éprouvé une très grande sympathie pour cet écrivain qui comme moi ressentit très jeune le besoin de se prouver à lui-même la capacité de l'homme à exister hors de son corps. Il fit, presque à la même époque que ma tentative, l'expérience fondamentale de la séparation du principe conscient et du corps et prit pour cela de grands risques. Il mourut à trente-six ans.

Voici la très belle histoire symbolique écrite quelques mois seulement avant sa mort, en 1944.

HISTOIRE DES HOMMES-CREUX
ET DE LA ROSE-AMÈRE

« Les hommes-creux habitent dans la pierre, ils y circulent comme des cavernes voyageuses. Dans la glace ils se promènent comme des bulles en forme d'hommes. Mais dans l'air ils ne s'aventurent, car le vent les emporterait.

Ils ont des maisons dans la pierre, dont les murs sont faits de trous, et des tentes dans la glace, dont la toile est faite de bulles. Le jour ils restent dans la pierre et la nuit errent dans la glace, ou ils dansent à la pleine lune. Mais ne voient jamais le soleil, autrement ils éclateraient.

Ils ne mangent que du vide, ils mangent la forme des cadavres, ils s'enivrent de mots vides, de toutes les paroles vides que nous autres nous prononçons.

Certaines gens disent qu'ils furent toujours et seront toujours. D'autres disent qu'ils sont des morts. Et d'autres disent que chaque homme vivant a dans la montagne son homme-creux, comme l'épée a son fourreau, comme le pied a son empreinte, et qu'à la mort ils se rejoignent.

Au village des Cent-maisons, vivaient le vieux prêtre-magicien Kissé et sa femme Hulé-Hulé. Ils

avaient deux fils, deux jumeaux que rien ne distinguait, qui s'appelaient Mo et Ho. La mère elle-même
les confondait. Pour les reconnaître, au jour de l'impo-
sition des noms, on avait mis à Mo un collier portant
une petite croix, à Ho un collier portant un petit
anneau.

Le vieux Kissé avait un grand souci silencieux.
Selon la coutume, son fils aîné devait lui succéder.
Mais qui était son fils aîné ? Avait-il même un fils aîné ?

À l'âge d'adolescence, Mo et Ho étaient de fins
montagnards. On les appelait les deux Passe-partout.
Un jour leur père leur dit : " Celui de vous qui me
rapportera la Rose-amère, à celui-là, je transmettrai le
grand savoir. "

La Rose-amère se tient au sommet des plus hauts
pics. Celui qui en a mangé, dès qu'il s'apprête à dire un
mensonge, tout haut ou tout bas, la langue lui brûle. Il
peut encore dire des mensonges, mais alors il est
prévenu. Quelques personnes ont aperçu la Rose-
amère : cela ressemble, à ce qu'elles racontent, à une
sorte de gros lichen multicolore, ou à un essaim de
papillons. Mais personne ne l'a pu prendre, car le
moindre frémissement de peur auprès d'elle l'effa-
rouche, et elle rentre dans le rocher. Or, si même on la
désire, on a toujours un peu peur de la posséder, et
aussitôt elle disparaît.

Pour parler d'une action impossible, ou d'une
entreprise absurde, on dit : " c'est chercher à voir la
nuit en plein jour ", ou : " c'est vouloir éclairer le
soleil pour mieux le voir " ou encore : " c'est essayer
d'attraper la Rose-amère ".

Mo a pris ses cordes et son marteau et sa hache et des
crochets de fer. Le soleil l'a surpris aux flancs du pic
Troue-les-nues. Comme un lézard parfois, et parfois
comme une araignée, il s'élève le long des hautes parois
rouges, entre le blanc des neiges et le bleu-noir du ciel.
Les petits nuages rapides de temps en temps l'envelop-

pent, puis le rendent soudain à la lumière. Et voici qu'un peu au-dessus de lui, il voit la Rose-amère, brillante de couleurs qui ne sont pas des sept couleurs. Il se répète sans arrêt le charme que son père lui a enseigné, et qui protège de la peur.

Il faudrait un piton ici, avec un étrier de corde, pour enfourcher le cheval de pierre cabré. Il frappe du marteau et sa main s'enfonce dans un trou. Il y a un creux dans la pierre. Il brise la croûte de rocher, et voit que ce creux a la forme d'un homme : un torse, des jambes, des bras et des creux en forme de doigts écartés comme de terreur, et c'est la tête qu'il a crevée d'un coup de marteau.

Un vent glacé passe sur la pierre. Mo a tué un homme-creux. Il a frémi et la Rose-amère est rentrée dans le rocher. Mo redescend au village, et il va dire à son père : " J'ai tué un homme-creux. Mais j'ai vu la Rose-amère, et demain j'irai la chercher. "

Le vieux Kissé devenait sombre. Il voyait au loin les malheurs s'avancer en procession. Il dit : " Prends garde aux hommes-creux. Ils voudront venger leur mort. Dans notre monde ils ne peuvent entrer. Mais jusqu'à la surface des choses ils peuvent venir. Méfie-toi de la surface des choses. "

À l'aube du lendemain, Hulé-Hulé, la mère, poussa un grand cri et se leva et courut vers la montagne. Au pied de la grande muraille rouge, les vêtements de Mo reposaient, et ses cordes et sa médaille avec la croix. Et son corps n'était plus là.

" Ho, mon fils ! vint-elle crier, mon fils, ils ont tué ton frère. "

Ho se dressa, les dents serrées, la peau de son crâne se rétrécissait. Il prend sa hache et veut partir. Son père lui dit : " Écoute d'abord. Voici ce qu'il faut faire. Les hommes-creux ont pris ton frère. Ils l'ont changé en homme-creux. Il voudra leur échapper. Aux séracs du Glacier limpide il ira chercher la lumière.

Mets à ton cou sa médaille et la tienne. Va vers lui et frappe à la tête. Entre dans la forme de son corps. Et Mo revivra parmi nous. N'aie pas peur de tuer un mort. "

Dans la glace bleue du Glacier limpide, Ho regarda de tous ses yeux. Est-ce la lumière qui joue, ou bien ses yeux qui se troublent, ou voit-il bien ce qu'il voit ? Il voit des formes argentées comme des plongeurs huilés dans l'eau, avec des jambes et des bras. Et voici son frère Mo, sa forme creuse qui s'enfuit, et mille hommes-creux le poursuivent, mais ils ont peur de la lumière. La forme de Mo fuit vers la lumière, elle monte dans un grand sérac bleu, et tourne sur elle-même comme pour chercher une porte.

Ho s'élance malgré son sang qui se caille et malgré son cœur qui se fend. Il dit à son sang, il dit à son cœur : " N'aie pas peur de tuer un mort ", il frappe à la tête en crevant la glace. La forme de Mo devient immobile. Ho fend la glace du sérac, et entre dans la forme de son frère, comme une épée dans son fourreau, comme un pied dans son empreinte. Il joue des coudes et se secoue, et tire ses jambes du moule de glace. Et il s'entend dire des paroles dans une langue qu'il n'a jamais parlée. Il sent qu'il est Ho et qu'il est Mo en même temps. Tous les souvenirs de Mo sont entrés dans sa mémoire, avec le chemin de Troue-les-nues, et la demeure de la Rose-amère.

Avec au cou le cercle et la croix, il vient près de Hulé-Hulé :

" Mère, tu n'auras plus de peine à nous reconnaître. Mo et Ho sont dans le même corps, je suis ton seul fils Moho. "

Le vieux Kissé pleura deux larmes, son visage se déplia. Mais un doute encore, il voulait trancher. Il dit à Moho :

" Tu es mon seul fils, Ho et Mo n'ont plus à se distinguer. "

Mais Moho lui dit avec certitude : " Maintenant je peux atteindre la Rose-amère. Mo sait le chemin, Ho sait le geste à faire. Maître de la peur, j'aurai la fleur du discernement. "

Il cueillit la fleur, il eut le savoir, et le vieux Kissé put quitter ce monde. »

La présence relie
tous les niveaux
de conscience

> « *Au bruit de la cloche qui résonne dans la nuit silencieuse, je m'éveille de mon rêve dans ce monde de rêve qui est le nôtre. En regardant le reflet de la lune dans l'étang, je vois au-delà de ma forme ma " vraie " forme.* »
>
> KOJISHEI

Une chaleur accablante écrasait les grands champs de maïs, et sous le soleil brûlant les crêtes et les rocailles prenaient des nuances d'or. Un sentier gravissait la colline avant de s'enfoncer dans le bois où l'ombre était encore profonde sous les feuillages. De gros nuages s'amoncelaient à l'horizon et annonçaient l'orage.

Aucune ride ne troublait la surface lisse de mon silence intérieur. Mais de quelle lutte impitoyable était-il le prix ? À quelles terribles difficultés avais-je dû faire face avant de le connaître ?

Les hommes doués pour la vie intérieure sont ceux qui ont rencontré sur leur route les pires obstacles. Il y a un moment dans la vie, et il est parfois très brusque et très court, où nous avons la possibilité de faire une découverte qui nous ouvre une porte sur l'étrange mystère de notre existence : c'est l'instant où nous nous « décollons » de nous-même, où nous « lâchons prise », corps, sentiment, pensée.

A chaque dédoublement à l'intérieur de notre subjectivité, à chaque « recul » par rapport à notre personnalité, nous touchons une réalité. À travers l'ouragan psychologique qui nous assaille, à travers le drame que la vie nous impose, la PRÉSENCE est là, sereine, indestructible...

Cette infime saveur de paix, faisons-lui confiance en y revenant chaque jour quelques secondes. Alors cette réalité, que nous croyons très faible, nous prouvera qu'elle est en fait plus puissante que tous les remous qui nous ont agressés, car elle est LIBRE de TOUT.

Et cette saveur si fragile et si forte à la fois, c'est « nous ». Tout le reste, qui fait peur et qui entrave, n'est rien de plus qu'un cauchemar dont on s'éveillera un jour.

Apprenons à sourire de ces rêves, de ces terreurs qui ne sont que des rêves. Toute la vie, qui nous semble si réelle, n'est qu'une sorte de mirage collectif. Seule est « vraie » la graine de Réalité que nous portons en nous-même.

Nous sommes l'Attention calme et confiante qui *voit* nos réactions de peur, d'anxiété, de violence et se retire du théâtre et de ses personnages... alors, privés de son énergie créatrice, ceux-ci s'évanouissent et l'horizon s'éclaire.

Ne perdons pas notre force en luttes inutiles, ne nous débattons pas comme un animal pris au piège, dégageons-nous doucement, silencieusement des remous... C'est cela que j'appelle travailler intérieurement.

La VIE a mis des millions d'années à travailler le corps animal, puis humain. Elle est à l'œuvre en nous de l'instant de notre naissance à celui de notre mort. Alors cessons de nous prendre uniquement pour ces images passagères, pour ces personnages itinérants. Certes, nous sommes eux-mêmes, mais le temps d'un rêve de la Vie.

Soyons lucide en ELLE à l'instant de son éveil du rêve. C'est la clé de l'immortalité.

La pensée est une énergie mécanique ; à tous les niveaux elle répète ses schémas qui fabriquent nos rêves de la nuit et nos « rêveries » de la journée. Ces dernières sont plus structurées.

Les rêves de la nuit sont exclusivement de nature

mentale et essentiellement personnels. Deux personnes
côte à côte dorment et rêvent. L'une se déplace dans un
paysage de montagnes, alors que l'autre vogue sur
l'océan, tandis que dans le rêve diurne, nous sommes les
coparticipants d'une expérience sensorielle commune.
De plus durant la veille nous savons qu'il existe un état de
sommeil et de rêve, alors que durant le rêve, nous
ignorons qu'il existe un état de veille. Le monde dans
lequel pénètre le dormeur demeure son secret. La
matière du rêve est la même que celle de l'état éveillé, en
ce point précis que l'on y voit et l'on y sent les choses
comme substantielles, bien qu'elles ne soient pas physiquement présentes. Le rêveur ne met pas un instant en
doute la matérialité des images qui constituent son rêve,
de même que nous ne mettons jamais en doute la
matérialité des images que nous percevons dans notre état
de veille.

Ceci devrait nous conduire à beaucoup d'humilité dans
nos jugements sur la réalité des choses.

Les événements que nous vivons durant le rêve et ceux
que nous vivons dans l'état éveillé se déroulent dans une
chronologie totalement différente, les seconds réclamant
une durée sans commune mesure avec la rapidité des
premiers.

Les seconds (l'état éveillé) étant également plus cohé-
rents, assumant une certaine logique, laissant un souvenir durable dans la mémoire et reprenant une continuité
qui se renouvelle à chaque éveil. Ils sont donc incontesta-
blement plus « réels » et relèvent d'un niveau de
conscience supérieur à celui du rêve nocturne.

Mais qu'ont-ils en commun ?

Sans nul doute, l'Énergie-Vie-Conscience qui les crée
l'un comme l'autre. Ce que j'appelle : « La VIE dans ma
vie »... et l'évidence « me saute aux yeux » :

Ma vie crée mes rêves de la nuit en s'investissant
comme personnage principal à l'intérieur des scénarios.

La VIE crée mes rêves journaliers en s'investissant

comme personnage principal en tant que moi, Jeanne
Guesné.

Les rêves de *ma vie* sont personnels, ce sont les rêves
de Jeanne Guesné.

Les rêves de *la* VIE sont innombrables et les « rêvés »
constituent ce que nous appelons l'Humanité.

Je suis le *rêveur* de mes rêves nocturnes et le *rêvé* de ma
vie diurne. Le réveil de ma vie diurne sera appelé ma
mort par ceux qui en seront témoins.

Or il existe une possibilité qui est passée à peu près
inaperçue jusqu'ici, ou tout au moins ne lui a-t-on pas
donné toute l'importance qu'elle mérite : s'éveiller DANS
son rêve et non DE son rêve. J'ai pu plusieurs fois
l'observer. Cela correspond à une prise de conscience
DANS le rêve du niveau de conscience utilisé par le rêvé.
Et chaque fois, il me fut possible de *modifier* le déroulement du rêve, de l'infléchir, d'en transformer le sujet, le
but, etc., sans me réveiller. Le « rêveur » se voyait
rêver...

Analogiquement, lorsque dans la vie de tous les jours,
vous « lâchez prise » (le zen), vous « vous rappelez à
vous-même » (Gurdjieff), vous pratiquez une rupture
dans la mécanique de vos actes en vous posant brusquement la question : « Qui fait cela ? » (G. Dürckheim), ou
l' « insight », la perception directe (Krishnamurti), c'est
la même possibilité d'éveil DANS notre vie qui nous est
enseignée. Alors nous pouvons réfléchir à l'importance
de cette découverte... « Que votre volonté soit faite, et
non la mienne » du mystique appartient à la même
rupture de rythme dans l'homme. Une autre volonté
apparaît, la Conscience d'Être, le sens d'Être, l'Éternel,
Dieu... peu importe le nom, disons CELA QUI EST et à
partir de cet éclair, tout peut changer.

Mais cet éclair c'est EN l'HOMME, individuellement,
qu'il doit jaillir. C'est là que se situent à la fois le
problème et l'effort de chacun.

> *« Je voudrais rappeler le message essentiel de tous les travaux de ma discipline : les cinq milliards d'hommes qui peuplent aujourd'hui la terre ont, tous, la même origine, animale, tropicale, africaine. Quelle que fût leur histoire, ils sont tous frères. »*
>
> Yves COPPENS

À l'issue d'une magnifique conférence sur « L'origine de l'homme », donnée sous l'égide de l'Alliance Française par M. Yves Coppens, professeur au Collège de France, de nombreuses questions lui furent posées. La clarté et la précision de ses réponses sur ce qu'il a découvert « sur le terrain », selon ses propres paroles, éclairèrent le cheminement de ma quête de la Connaissance de soi : à travers des seuils critiques, une complexité d'organisation des mécanismes et des structures trace l'évolution de la vie depuis des milliards d'années jusqu'à nos jours.

Et seulement trois millions d'années environ s'écoulèrent depuis l'apparition de l'homme ; vraiment la durée d'un instant en comparaison avec les centaines de millions d'années des premières structures animales dont nous pouvons encore trouver quelques vestiges !...

Comment ne pas se remémorer les paroles de Teilhard de Chardin, dans le Prologue du *Phénomène humain*[1] :

---

1. Pékin, 1933.

« L'homme ne saurait se voir complètement en dehors de l'humanité ; ni l'humanité en dehors de la Vie, ni la Vie en dehors de l'Univers... en vérité, je doute qu'il y ait pour l'être pensant de minute plus décisive que celle où, les écailles tombant de ses yeux, il découvre qu'il n'est pas un élément perdu dans les solitudes cosmiques, mais que c'est une volonté de vivre universelle, qui converge et " s'hominise " en lui.

L'Homme, non pas centre statique du Monde, comme il s'est cru longtemps ; mais axe et flèche de l'Évolution, ce qui est bien plus beau. »

Chaque chose particulière est comme un point dans des millions de millions de points qui constituent une substance unique, la Conscience d'Être. Teilhard de Chardin l'appelle « l'étoffe de l'Univers ».

À travers le voile du langage, il faut qu'apparaisse l'intuition qui le sous-tend. Si nous ne dépassons pas le niveau intellectuel des concepts, nous n'aurons pas le dynamisme nécessaire à l'expérience du niveau spirituel. La réflexion sur les théories est insuffisante. Elle ne mène pas à la Connaissance qui doit être « vécue ».

Il nous faut découvrir, par une observation attentive de tous nos processus intérieurs psychologiques, une attitude psychique, physique et mentale qui seule nous permettra de « vivre » la vibration fondamentale de l'Être en nous. Lire et penser, aussi sérieusement que cela soit, est insuffisant, car c'est seulement accumuler des informations dans la mémoire. Le savoir n'est pas la Connaissance.

Le corps fonctionne en « pilotage automatique », heureusement d'ailleurs car nous ne pourrions contrôler ses fonctions biologiques. Par le travail intérieur, et particulièrement par le « rappel de soi » préconisé par G. I. Gurdjieff, dans une fulguration, la conscience apparaît. Ce travail peut se traduire par la formule : « de l'automatisme à la conscience ». Il se fait dans le corps, d'où il irradie dans le psychisme et le mental. Lorsque l'homme « habite » son corps, tout lui devient possible. La parole émise par une voix « assumée » est vivante et appelle à la VIE. Le geste effectué par une main consciente est « créateur ». Le silence de celui qui habite consciemment son corps détend et unit son environnement. Il « connaît », au lieu de « savoir » seulement.

Ce sont des faits que je ne peux traduire ici qu'avec des mots que vous avez le droit de refuser. Mais peut-être un jour apparaîtront-ils en vous, après une germination inconsciente dans votre intimité profonde, sous la forme de brèves intuitions qui reviendront dans la mesure où vous leur prêterez « attention ».

C'est ainsi que lentement la transformation s'amorce et se continue, dès lors qu'elle est nourrie d'attention. L'homme transformé est *libre* dans l'esprit et dans la matière, car il est devenu le « lien » vertical entre l'homme personnel et la Conscience d'ÊTRE. La VIE UNIQUE toute-puissante, le VERBE qui prend sa source dans l'intemporel se manifeste dans le temporel de notre existence particulière, où il lui faut une certaine durée pour s'actualiser.

Cette révélation spirituelle trouve aujourd'hui sa traduction dans les dernières découvertes de la physique subquantique, notamment avec les théories des physiciens Stéphane Lupasco et David Bohm.

Un raisonnement erroné nous suggère que l'intelligence rationnelle est l'oméga de la connaissance et ignore totalement l'Être en nous, oubliant que l'irrationnel d'une époque devient souvent le rationnel de l'époque suivante. De nombreux exemples l'ont maintes fois démontré, dont le plus récent demeure l'atome affirmé insécable par des sommités du monde scientifique.

Le savoir des choses extérieures n'a aucune commune mesure avec le savoir de notre intériorité qui nous fait accéder à une vibration infiniment subtile qui éveille la conscience des profondeurs.

Une étude sérieuse de l'Attention met en évidence son importance fondamentale dans une prise de conscience infiniment plus profonde que celle qui nous est familière. Il s'agit d'une perception globale, immédiate, totalement libre des automatismes mentaux et des réactions émotionnelles qui constituent notre personnalité humaine.

Il nous faut apprendre à « lâcher prise » dans le VÉCU de chaque instant, permettant ainsi au « vivant » en nous d'ÊTRE, ici et maintenant. Krishnamurti, cet athlète de l'esprit, nous suggère d'être inconditionnellement disponibles à cette qualité d'Attention dynamique qu'est le VÉCU.

Il nous faut sentir qu'il est indispensable de nous connaître, afin que quelque chose puisse changer en nous, de manière à être un jour en état de nous RELIER à un plan qui dépasse infiniment notre plan humain actuel.

C'est un travail long et difficile qui ne s'adresse pas à celui qui est certain d'avoir trouvé sa voie, ni à celui qui est satisfait de sa vie actuelle. Il implique un besoin de tout l'être et la certitude de notre actuelle médiocrité, quel que soit notre statut social, ainsi qu'une profonde honnêteté envers soi-même.

Si chacun accepte de se voir tel qu'il est, il admettra peut-être qu'il est temps pour lui de regarder sa vie en face et de lui donner un sens, c'est-à-dire de se tourner vers la Vérité qu'il pourra découvrir au plus profond de lui-même, avant de la découvrir réellement dans tout ce qui l'entoure. VOIR la Vérité, et non admettre seulement qu'elle EST. Puis la VIVRE, et non seulement la voir.

Si nous acceptons de lutter avec persévérance et patience contre l'inconscience qui nous maintient dans un demi-sommeil éveillé, peu à peu la lumière se fera en nous. Le climat spirituel du troisième millénaire, où je ne serai plus, sera celui du « vécu » et non celui du « pensé » ; le pensé sera la traduction du vécu. L'intelligence n'est pas la pensée ; elle est la perception instantanée dont la pensée devient l'outil éclairé et docile.

Le ici et maintenant du contact direct est ressenti comme le sentiment d'une concentration verticale d'une grande puissance, alors qu'habituellement, il n'est pas rare de s'éprouver comme « dilué » dans le flot horizontal de l'écoulement du temps.

Voir cela, le comprendre avec tout soi-même, constitue un long travail, un peu comme deux existences vécues simultanément et ne s'excluant pas l'une l'autre.

Un conte soufi datant du début du deuxième millénaire illustre parfaitement cette simultanéité.

LE FILS DU ROI[1]

« Dans un pays où tous les hommes étaient pareils à des rois, vivait une famille dans un grand et total contentement et dans une ambiance telle qu'il n'existe pas de mots dans la langue des hommes capable de la décrire, parce que rien de ce qu'ils connaissent aujourd'hui ne peut s'y comparer. Ce royaume de Sharq semblait satisfaire le jeune prince Dhat.

Mais un jour ses parents lui dirent : " Toi, le plus cher de nos fils, sache qu'il existe dans notre pays une coutume nécessaire, qui veut que tout prince royal, lorsqu'il a atteint l'âge que tu as, parte subir une épreuve. Ceci, afin qu'il se prépare à la fonction royale et qu'il y parvienne, par la vigilance et par l'effort, à un degré de virilité qui ne peut être atteint de nulle autre façon, et qui justifiera sa qualité de roi. Ainsi en est-il depuis le commencement des temps et en sera-t-il jusqu'à la fin. "

Le prince Dhat fit donc ses préparatifs en vue du voyage qu'il allait entreprendre. Les membres de sa famille le pourvurent des moyens de subsistance qu'il était en leur pouvoir de lui donner. C'était un aliment

---

1. Idries Shah, *Contes derviches*, Éditions Le Courrier du Livre.

" spécial " dont il se nourrirait durant son exil, et qui tenait sous un volume restreint bien qu'étant inépuisable.

Ils mirent aussitôt à sa disposition certaines ressources dont il n'est pas possible de préciser la nature, et qui le protégeraient s'il savait en user justement. Il lui faudrait voyager sous un déguisement jusqu'au pays qu'on appelle Misr. Il reçut des guides pour le voyage et les vêtements qui convenaient à sa nouvelle condition, et qui ne ressemblaient guère à ceux d'un prince de sang royal. Sa tâche consistait à rapporter de Misr un certain joyau que gardait un dragon redoutable.

Lorsque ses guides le quittèrent, Dhat se retrouva seul et se demanda de faire des efforts pour garder vivant le souvenir de sa haute origine.

Hélas, l'air et la nourriture de ce nouveau pays le plongèrent dans une sorte de demi-sommeil, et il oublia sa mission.

Il vécut des années au pays de Misr, gagnant de quoi subsister à ses besoins en exerçant un humble métier, apparemment inconscient de ce qu'il devrait faire. Par des voies qui leur étaient familières, bien qu'inconnues des autres êtres, les habitants de Sharq vinrent à connaître la situation désastreuse dans laquelle Dhat se trouvait, et pour l'aider à accomplir sa mission, ils lui envoyèrent un message, par des voies inconnues également.

" Réveille-toi ! Car tu es fils de roi, envoyé pour accomplir une tâche bien précise. Et chez nous tu dois retourner. "

Le message réveilla le prince qui parvint jusqu'au monstre. A l'aide de certains sons, il le plongea dans un profond sommeil, puis s'empara du joyau inestimable dont il était le gardien. Alors Dhat suivit les " sons " du message qui l'avait tiré de sa torpeur, changea ses vêtements pour ceux de sa terre natale et prit le chemin du retour, guidé par le Son jusqu'au pays de Sharq. Là il comprit pour la première fois la splendeur réelle de ce royaume dont le nom véritable était : Salamat qui signifiait : PAIX. »

> « *Cette vie terrestre n'est ni trop courte, ni trop longue, quelle que soit sa durée. Elle n'est faite ni pour courir sans penser, ni pour penser sans agir : elle est seulement faite pour être " vraiment " vécue. Vivre, c'est simplement faire un pas de plus en avant sur le chemin dont nous venons, qui a commencé aux premiers âges de l'Univers.* »

Jean E. CHARON [1]

Si l'on travaille sur soi avec sérieux et persévérance, on découvrira obligatoirement que l'unique source de l'Univers est la Conscience. Durant des années cette évidence océane, irréductible à des concepts, ne peut être perçue parce que nous demeurons prisonniers de notre intelligence rationnelle qui nous cantonne dans le créneau physique, psychique et mental de notre existence quotidienne.

Penser à quelque chose, et ÊTRE quelque chose ! En a-t-on jamais compris la différence ? Lorsqu'on est la chose, on ne la pense pas. Pense-t-on : je suis un homme, je suis français ?

Si extérieurement tout progrès dans la recherche pure et dans la technologie est le fruit d'un travail d'équipe qui s'accomplit collectivement, à l'inverse pour la découverte de sa propre intériorité, l'entreprise ne peut être qu'individuelle. Car il ne s'agit pas d'obtenir de nouvelles informations, mais d'accéder à un nouvel état de conscience qui ne peut être atteint que par une transfor-

---

1. *Mort, voici ta défaite*, Éditions Albin Michel, 1979.

mation des rythmes biologiques, psychiques et mentaux du chercheur.

Il est extraordinaire de constater combien la combinaison d'une tension artérielle stable, d'un pouls régulier, d'une respiration naturelle apporte de sérénité, de calme tranquille, de confiance en soi. Une lucidité sans faille discerne alors le frémissement originel de la Vie en soi, en l'autre… en tous les autres.

Il ne peut y avoir place pour la crainte, la colère, la jalousie, l'angoisse… tous ces poisons de notre vie quotidienne réclament pour exister une tension anormale des muscles, l'élévation du rythme cardiaque, l'accélération de la respiration et, nous assurent les biologistes, la sécrétion interne de toxines.

Je compare l'image familière de mon corps à celle d'orgues miniaturisées, extrêmement subtiles dont les basses fréquences sont la source d'états intérieurs dépressifs ou violents, anesthésiant la conscience, alors que les fréquences élevées sont ressenties comme des états de calme, de confiance en soi, d'harmonie… d'amour.

Les énergies que les scientifiques calculent en nombre de vibrations à la seconde et énoncent sous le terme : fréquence de vibrations ou fréquence vibratoire sont ressenties dans notre corps et vécues comme des états de conscience.

Si x vibrations à la seconde sont vécues et connues comme les instants de plaisir intense passés avec la personne aimée, ou à l'audition de telle ou telle composition musicale, c'est parce qu'au cours de ces instants, notre corps est animé par la VIE vibrant à cette intensité, et NOUS SOMMES cette intensité. Notre corps est l'outil par et dans lequel elle se manifeste.

Nous « sommes » par ces fréquences vibratoires des états de conscience différents. Je comprends le *lien* entre deux niveaux de l'Être : l'énergie-cause et le phénomène concret-effet : telle fréquence sera toujours perçue par mes oreilles comme un son, et telle autre, comme une couleur par mes yeux, etc.

C'est ainsi que le septième sens nous ouvre à des énergies supérieures de la VIE qui œuvreront en nous, répandant, parallèlement à une santé raffermie, la lumière de la CONSCIENCE. Chaque instant est précieux, car il est une porte sur le hors-temps. La clé est la prise de conscience abrupte. Mais la porte et la clé sont en chacun, et nui ne peut les utiliser que soi-même.

On pense une chose,
on en fait une autre ;
drame éternel
de la contradiction

> « *Voir un monde dans un grain de sable*
> *Et le ciel dans une fleur sauvage,*
> *Saisir l'infini dans la paume de sa main,*
> *Et l'éternité dans l'heure qui passe.* »
>
> William BLAKE

Après tant de jours gris, les nuages se sont enfuis, découvrant enfin le bleu du ciel. Dans la rue les enfants se poursuivent en criant joyeusement. Leurs voix expriment leur plaisir de courir, de jouer... de vivre.

Ma tête est claire comme une eau de montagne et les pensées glissent légères comme des souvenirs de jeunesse, sans rompre l'observation lucide de mon esprit. J'éprouve une joie paisible à me sentir disponible à tout ce qui pourrait solliciter mon attention.

Pour que la pensée soit efficace, il faut que l'homme entier soit engagé : intellect, cœur, corps. Le malheur de notre temps, et d'ailleurs de tous les temps, c'est que nous ne sommes qu'une fraction de ce que nous devrions être et non la totalité. Ainsi tous nos actes sont incomplets, incapables d'établir un contact précis avec notre environnement, un échange enrichissant avec les autres.

Nous avons oublié que l'homme « se fait » en faisant quelque chose ; quelque chose qui aura sollicité sa participation d'homme et non sa mécanique pensante et agissante. Nous avons fragmenté toutes valeurs, dressant des clivages entre leurs qualifications et l'action la plus simple devient compliquée.

Un économiste, dans notre société humaine moderne, ne sera efficace dans ses décisions que dans la mesure où son sentiment profond et sa sensorialité seront parties intégrantes de sa personne. Tout comme un artisan qui façonne son travail à travers sa propre humanité et un paysan qui fait produire sa terre grâce à son labeur et sa connaissance des lois de la nature accordées aux saisons.

Toute connaissance gravite autour d'une expérience qui nous fait goûter ce que j'appelle « La VIE dans ma vie ». En tant que notion, cela apparaît très abstrait, alors qu'en tant qu'expérience, c'est la chose la plus concrète.

Toute une partie de nous appartient à la terre qui nous engendre et nous reprendra un jour, nous faisant accéder ainsi à une capacité de multiplier les échanges avec toutes choses.

Elle nous impose ses rythmes biologiques, organiques et psychiques. Et nous nous isolons, insensibles à la plénitude des grands espaces balayés par le vent, aveugles et sourds au son friable d'un écho éclatant dans un crescendo de lumière.

La totalité de notre attention, c'est-à-dire toute notre énergie-vie-conscience, est instantanément détournée par notre intellect qui la monopolise au profit de ses spéculations, analyses, déductions, jugements, etc., et nous ne discernons plus l'ombre trembler dans le soleil, ni le silence des fleurs dans la brise légère, ni les parfums doux ou amers des fruits mûrs... le présent se disperse, les instants n'ont plus de « goût ». Nous sommes infirmes, privés d'une immense partie de notre sensualité, mais nous l'ignorons, comme nous ignorons la pulsation de la Vie qui nous anime à chaque instant du temps, dans l'éternel jaillissement de sa création.

Elle est le point d'émergence de toutes les polarisations de la Vie. Si je ne possédais pas dans mon intimité profonde la sensation d'exister imbriquée, confondue avec la substance même de mes cellules, rien ne se passerait jamais. C'est *Cela* qui me fait entrer dans l'espace-temps humain dont elle est l'origine.

Or à cet instant même je perds le contact avec sa globalité, je me sépare d'elle, comme la vague à la surface de l'océan devient vague et seulement vague… L'océan est le courant électrique… la vague, la lueur évanescente dans le tube.

Coupée de sa source, ma pensée demeure sans contact conscient avec la Vie Universelle et n'exprime plus que ma vie personnelle. J'existe et j'agis dans le domaine du relatif, du fragmenté, donc de l'erreur a priori. Il me faut instantanément retrouver le fonctionnement de mon appareil humain dans lequel *penser et sentir sont unis*.

Il existe une évidence primordiale :

Si nous avons des raisons d'être bon, ce n'est pas la bonté. Si nous avons des raisons de chercher le réel au-delà des apparences, ce n'est pas la véritable recherche. La seule recherche qui soit naturelle, sans raison aucune, c'est la recherche de l'ÊTRE EN SOI et c'est aussi SA LOI.

Notre existence personnelle est une continuelle recherche de quelque chose : réussite, sécurité, fortune, honneur, considération, etc. Toutes ces aspirations à posséder, à recevoir sont l'expression du désir de notre personnalité. Elles ne sont pas toutes à rejeter, ni à condamner et certaines sont louables, mais il faut les remettre à leur véritable place. Dans le monde de l'AVOIR, monde essentiellement linéaire de l'historicité qui représente tout un espace physique et mental, unissant les hommes par des relations gestuelles et verbales.

Si chacun prend de la distance entre le rôle historique qu'il *joue* et LUI-MÊME (ce témoin qui apparaît parfois), s'il n'est pas dupe du mirage de la personnalité, s'il « décroche », alors il se sentira en accord avec les grands rythmes de la Nature, et il laissera la Vie s'accomplir spontanément à travers ses sens et ses actions. Il connaîtra ainsi l'art de laisser les choses se faire, au lieu de les manipuler.

Épictète disait déjà : « Ce ne sont pas les choses qui troublent les hommes, mais le jugement qu'ils portent sur les choses. »

C'est notre propre vision de nous-même que nous devons remettre en question. Les morales, qu'elles soient religieuses ou laïques, sont arbitraires, car elles sont le produit de notre conditionnement mental. Il nous faut réorienter le fonctionnement de notre intellect, jusqu'ici exclusivement centré sur notre personnalité, notre moi psychologique, notre ego... il nous faut dépasser notre conscient personnel temporaire et limité. Il nous faut dépasser l'idée que nous nous faisons de nous-même. Elle est l'arbre qui cache la forêt.

Toute notre raison d'Être est là : *sentir, éprouver* la non-séparation des créatures que nous sommes... Nous devons constater que tout ce que la pensée peut exprimer verbalement ou par écrit appartient au domaine de notre conditionnement cérébral.

L'évidence de CELA qui Voit n'est pas seulement d'ordre intellectuel, elle émane directement de la sensibilité profonde dans sa participation *viscérale* à la Vie.

La VIE qui a tracé deux voies pour l'Homme s'exprime également en LUI, par deux voix : la voix de la personne humaine... et la voix de l'Être Universel. La première est sonore et familière. Elle atteint naturellement notre oreille et porte une signification intellectuelle. L'autre « s'entend » dans la plénitude du silence intérieur où l'intuition la traduit... Elle ne passe pas par le mental. Elle est le fruit de notre maturité intérieure acquise après beaucoup d'années de travail sur soi.

Un jour, nous réaliserons le point absurde où les deux voix n'en sont qu'une dans un langage qui ne transite pas par le mental et qui ne connaît pas de frontière. Dans un dépassement qui transcende les limites intellectuelles, dans un au-delà des mots où seul l'esprit peut s'engager parce que TOUT EST DANS TOUT.

Car l'Esprit EST Conscience, l'Esprit EST Vie, Intelligence, AMOUR. Seule la Vie peut parler à la Vie, la Conscience à la Conscience, l'Intelligence à l'Intelligence, l'AMOUR à l'AMOUR. Et cela à travers l'homme qui *accepte* d'être le « lieu » de leur rencontre. Qui accepte et par cela même permet que soit vécu un moment de la Conscience Cosmique au sein de la Conscience humaine.

Je pense qu'il est urgent de poser sur la Vie un regard *d'Attention* qui ne cille pas, créant entre elle et nous une atmosphère de clarté dans laquelle nous baignons comme les nuages blancs dans le ciel sans limites.

L'Esprit humain se libère de la personnalité humaine, et non l'inverse, lorsqu'il « se reconnaît » œuvrant à travers elle. Le sentiment de séparation s'efface. Il n'y eut, il n'y a, il n'y aura jamais que la VIE-ESPRIT-CONSCIENCE ; ... ELLE... toujours ELLE, totale en chacune de ses manifestations.

Méditons sur ce poème plein d'enseignement :

« Il y a quelque chose en moi,
Au fond de moi, au centre de moi,
Quelque chose d'infiniment aride
Comme le sommet des plus hautes montagnes ;
Quelque chose de comparable au point mort de la rétine,
Et sans écho,
Et qui pourtant voit et entend ;
Un être ayant une vie propre, et qui cependant
Vit toute ma vie, et écoute impassible
Tous les bavardages de ma conscience.

Un être fait de néant, si c'est possible,
Insensible à mes souffrances physiques,
Qui ne pleure pas quand je pleure,
Qui ne rit pas quand je ris,

Qui ne rougit pas quand je commets une action honteuse,
Et qui ne gémit pas quand mon cœur est blessé ;

Qui se tient immobile et ne donne pas de conseils,
Mais semble dire éternellement :
" Je suis là, indifférent à tout. " »

Valéry LARBAUD [1]

Lorsqu'on sait que Valéry Larbaud fut frappé de paralysie générale durant vingt ans, dépendant totalement d'une assistance extérieure, muré dans son silence, ce poème écrit en 1908 prend une dimension tragique et prémonitoire.

Il avait découvert à son insu ce qui ne s'atteint qu'au terme d'une longue et persévérante ascèse. Aussi ne pouvait-il en ressentir la puissance d'émerveillement. C'était trop tôt, et surtout obtenu sans effort. Mais, et c'est encore une loi de la croissance intérieure, cette conscience étant apparue devait inexorablement s'épanouir, fût-ce aux dépens d'un organisme qui ne la désirait pas.

Durant la lente agonie des fonctions corporelles, la Vie toute-puissante derrière ce charroi de misère, de solitude figée, dressa ses forces vivantes, source de perpétuelles émissions irréductibles aux « propriétés connues » de la matière et de l'énergie, tandis qu'elle égrenait sa lente musique à travers les membres déjà morts.

1. « Le don de soi-même », *Les Borborygmes*, *Les Poésies de Barnabooth*, Gallimard, 1913, préface de Robert Mallet.

« *C'est en associant à notre existence de tous les instants " une autre dimension de la Vie ", que l'on peut découvrir la joie de Vivre.* »

Albert MÉGLIN, *Le Monde à l'envers*

J'ai ouvert en moi, il y a déjà bien des années, la porte d'un monde nouveau qui peu à peu me devint plus cher que tout autre. Je l'appelle : le monde inconnu. Ne nous trompons pas sur la signification du mot : inconnu, mais non inconnaissable. J'appris à « regarder vivre » les gens et à ne plus me fier à leurs seules paroles. Ces dernières sont souvent opposées au vécu de ceux qui les expriment. La voix est en cela révélatrice. Elle ressemble à l'homme qui les prononce.

La voix rogue, aux éclats aigus et précipités dénonce le mensonge des mots, alors que vibrante de tendresse retenue, elle révèle la discrétion et la bienveillance d'une sensibilité amicale.

Tout ce que peut transmettre la parole lorsque son expression jaillit directement de la source de Vie en l'homme ouvre les bras pour accueillir l'autre, tous les autres. La gravité, la tendresse entourent les actes les plus simples, un regard appuyé, une poignée de main par exemple, d'un respect qui les magnifie et leur confère un surcroît de Vie.

Arrivé à un certain point, l'équilibre bascule et l'un des

deux univers devient pour moi le plus important. Ma vie quotidienne s'écoule sans changement apparent, mais désormais pour moi Tout vient « d'en haut ». Ce qui m'indignait naguère ne m'affecte plus ou peu. Je vois les méchancetés, les mesquineries, les sottises comme je vois les flaques d'eau boueuses ou les buissons de ronces. Je les contourne sans porter de jugement de valeur. Ce sont désormais les incidents de la route.

J'en suis largement récompensée par l'authenticité des regards et des voix qui m'est révélée dans ce monde nouveau, où l'éclat des yeux, l'intonation contredisent souvent le sens des mots prononcés.

Je « vois ». Je ne suis plus dupe des apparences.

C'est un monde de formes non spatiales qui n'existe pas pour les yeux du corps. C'est un monde où les mots confiance, générosité, bienveillance, authenticité représentent ces choses tangibles et denses que sont les pierres, les végétaux, les animaux, les corps humains dans notre monde familier. Et il n'y a aucune nécessité de quitter celui-ci pour participer à l'autre. C'est un « plus Vivre » un accroissement étrange de notre sphère d'activité. Une seconde vécue dans ce double univers colore une journée entière, lui donnant une tonalité inconnue jusque-là.

Nous participons tous de l'HOMME qui s'éveille dans ses cellules humaines. Elles se rassemblent et s'attirent à travers des affinités, des sympathies, des « amours humaines ». La manifestation étant obligatoirement duelle, elles s'opposent aussi dans des animosités, des conflits, voire des haines. Il n'y a qu'UN HOMME en des milliards d'hommes. C'est la respiration de cet homme qui crée la vie humaine, comme la respiration de notre corps humain crée notre existence quotidienne.

Pour chacun de nous, la quête de la Connaissance de Soi est comme un long voyage dans l'inconnu connaissable, car il existe un inconnaissable absolu. Mes écrits sont pour moi les cailloux du Petit Poucet pour en marquer le cheminement incertain.

La Vie Absolue est le cheminement indicible, le mouvement inexprimable de tous les mouvements des univers créés sur tous les plans qu'elle anime, à travers toutes les créatures, par les innombrables rythmes de leurs respirations « emboîtées ».

Chacun de ces rythmes est un niveau de vie. À nous de découvrir « l'ascenseur » qui les relie. Il est en nous : il se nomme : ATTENTION.

L'ATTENTION est VIE. La VIE est DIEU.

Entre nous les humains et notre vie humaine... et DIEU... tous les niveaux d'existence connus et inconnus. DIEU est l'INCONNAISSABLE.

La Grande VIE, la VIE UNIQUE anime tout le créé. Chacun de nous en est une étincelle revêtue d'un corps humain. Identifiée à ce corps, elle oublie son origine. Toutes les péripéties de l'existence vécues dans les « histoires des hommes » sont le « retour » de l'étincelle à la Source originelle.

L'ensemble des réalisations apportées par les diverses civilisations est le fruit de la création humaine. Hélas, les massacres de tous ordres en sont également les fruits empoisonnés. Chaque époque, chaque culture raciale est un arbre avec ses racines, son tronc, ses branches et son feuillage. Notre planète est une forêt envahie de broussailles cachant de redoutables pièges dans ses fondrières obscures.

De l'homme du Néandertal à l'Homo sapiens de cette fin du XXe siècle, quels changements sur le plan de l'intelligence intellectuelle !... Le sentiment est d'origine plus récente et demeure prisonnier de toutes les passions confondues... le bon grain et l'ivraie croissent ensemble.

Mais VOIR cela, c'est instantanément s'en détacher. Être libre d'aimer ou de haïr. Posséder le libre arbitre. À partir de cet instant l'humain EST un HOMME. Ce n'est pas une pensée, ce n'est pas un sentiment. C'est une évidence vécue qui ne s'effacera jamais.

Cette connaissance fruit de notre quête, cette évidence

qui nous intègre dans l'unité du créé doit se vivre dans chaque fragment du multiple, c'est-à-dire dans chacun de nous. Des courants de vibrations inconnus passent à travers nous. Tout vient de plus loin et va plus loin que nos petits personnages humains.

On peut se souvenir de ces paroles de Confucius que ses disciples, depuis la dynastie des Sung, décidèrent de faire apprendre aux enfants des écoles [1] :

« Lorsqu'on a acquis la connaissance des choses, alors la compréhension est atteinte, alors la volonté est sincère ; quand la volonté est sincère, alors le cœur est droit. Quand le cœur est droit, alors la vie personnelle est développée ; quand la vie personnelle est développée, alors la vie familiale est réglée ; quand la vie familiale est réglée, alors la vie nationale est en ordre ; et quand la vie nationale est en ordre, alors le monde est en paix. De l'empereur au dernier des hommes, le développement de la vie personnelle est le fondement de tout. Il n'y a jamais eu un arbre dont le tronc fut mince et les branches épaisses et fortes. Il y a une cause et une succession dans les choses, un commencement et une fin dans les affaires humaines. Connaître l'ordre de préséance, c'est avoir le commencement de la sagesse. »

1. Lin Yutang, *L'Importance de vivre*, Éditions Corréa.

> *« Son œil intérieur une fois développé, l'homme s'aperçoit que le contenu d'une expérience marque le début d'une nouvelle vie. La percée vers cette " expérience " est le tournant de la vie humaine, le début de la Métanoïa, ou Grande Conversion. »*
>
> Karlfried Graf DÜRCKHEIM

La Vie est fulguration de Dieu dans la matière. Les trois plans manifestés (solide, liquide, gazeux), minéral, végétal, animal, aboutissent à l'homme qui en est le « compost », en lequel ils sont dissous et intégrés. C'est à partir de ce « résultat » que peut s'amorcer « l'habillage » psycho-mental de l'homme qui lui permet de « respirer » dans la dimension suivante de la conscience, faite d'éléments différents accordés à une respiration différente.

C'est à l'intérieur de moi-même que s'amorce le sentier où l'on quitte « le monde des histoires des hommes », tout en y demeurant physiquement. On entre ainsi dans un univers de force tranquille, de paix et d'amour. Cet état nouveau m'introduit dans un étonnement continu où toute impression, toute sensation, toute émotion est ressentie pour la première fois. Toute rencontre avec la nature, avec l'autre est nouvelle. Je m'y sens entourée d'une éternité de fraîcheur et de tendresse indicibles. Mon regard s'emplit de toute la douceur du monde en réponse à ce que la vie peut avoir d'amertume et de cruauté.

Cet état confère le privilège de vivre simultanément sur

deux niveaux : l'apparent que mon regard découvre avec
ses formes, ses couleurs, ses bruits et dont l'image plus
ou moins nette dépend de mon attention habituelle, et
l'autre, infiniment plus vaste, qui le contient et le pénètre
jusqu'à son essence même. Il révèle à mon attention
« dynamisée » les intentions cachées sous les mots prononcés, les peurs, les angoisses, les ambitions inavouées,
les désirs insensés hachés, fragmentés, colorant l'atmosphère d'un espace qui relève d'impressions-sensations-
perceptions d'un autre ordre. Un espace où je suis ce que
je connais. Tout apparaît alors avec un sens différent de
notre compréhension habituelle.

Cet état, qui peut vous surprendre parfois dans un
éclair, résulte de la « conversion » de notre attention
automatique familière en Attention *consciente,* se perce-
vant dans son processus. Elle est à la fois attention
biologique, organique, cellulaire, psychique et mentale
réunies en un tout.

Ma première découverte fut celle de l'Attention intellectuelle devenue consciente d'elle-même. Je parle ici de
la « perceptivité vécue » de ce que je pense et j'écris,
c'est-à-dire de ce que je traduis en l'amenuisant obligatoirement, comme le peintre sur sa toile annule la troisième
dimension. Lorsqu'il y a « coïncidence » entre les deux
attentions, un autre état d'attention apparaît, qui peut se
concevoir comme un seuil à franchir. Ce n'est pas une
addition, des attentions différentes, pas une somme.
C'est « autre chose », d'une autre nature.

À cet instant, quelque chose bascule dans tout soi-
même. Ce qui était agi à l'intérieur, donc passif, se révèle
« actif ». Ce qui était actif à l'extérieur se révèle « passif ». Extérieurement, un calme immense, granitique,
intérieurement, une volonté consciente d'ÊTRE dense
comme un diamant, sans réaction aux impressions,
dominant totalement la situation vécue. Cela peut sem-
bler comme une action incessante, l'action d'ÊTRE, et
c'est tout.

L'inéluctable nécessité du corps s'impose à l'évidence, car c'est en lui que la transformation s'opère : la transmutation des pôles esprit — matière, le retournement de l'Être à son origine : du Divin à l'humain, de l'humain au Divin. L'humain, résultat des trois règnes qu'il totalise en lui-même.

Pour vivre CELA, il me suffit d'un « geste » au niveau du plexus où retentit toute émotion, pour « lâcher » ce à quoi je m'accroche sans le savoir depuis ma plus tendre enfance, et que chacune de mes réactions renforce un peu plus.

Il ne s'agit pas de trancher entre ce qui est bien et ce qui est mal, ou même entre ce qui est et ce qui n'est pas convenable, mais de prendre de la distance envers toutes mes actions. Cette distanciation intérieure me protège de moi-même. Elle me défend contre les tentations qui s'offrent à mon personnage et double mes forces. Elle est le « sas » qui conduit à la Conscience et par le don de Vie qu'elle prodigue me fait préférer la Vie intérieure riche de toutes les forces invisibles de son dynamisme, à la vie de notre monde quotidien.

Je ne me soucie plus de la mort éventuelle et naturellement certaine du personnage Jeanne Guesné, puisque je suis la Vie de tout l'environnement proche et lointain dont Jeanne Guesné est une infime parcelle. De la Conscience qui voit, qui sent, qui éprouve CELA, aucune interrogation n'émane. Cette Conscience est Intelligence, lucidité, amour. Elle ne joue à aucun jeu « personnel », elle ignore nos craintes, nos ambitions, notre suffisance. En elle réside la métamorphose absolue qui nous conduit des ténèbres à la Lumière.

La mort que nous connaissons met fin aux « histoires des hommes ». Tout à coup, à partir d'elle, une distance sans limites nous en sépare. Elles formaient quatre-vingt-dix-neuf pour cent de notre existence quotidienne, et nous ignorions le un pour cent du Réel enfoui sous les tonnes d'opinions, de malentendus, de quant-à-soi suscitées par les événements petits et grands de l'existence. Ils nous ferment au rythme d'un univers plus vaste, invisible pour notre appréhension sensorielle, mais ressenti intuitivement par ce qu'il y a de plus secret en nous-mêmes.

Ce monde est à la portée de chacun. Il suffit d'en ressentir le besoin, d'en entendre l'appel au fond de ce point ultime que nous sommes dans l'immensité du Créé.

Découvrir le chemin des métamorphoses : la bonté, le désintéressement, l'amour qui nous font croître, grandir, et ne pas s'engager dans l'autre chemin, celui de l'ambition personnelle, de la rancune, de l'égoïsme qui dessèchent et sclérosent la sensibilité. L'un conduit à la perception originelle de la Vie dans la lumière, l'autre à la dispersion dans les ténèbres de l'inconscient.

Nous, les hommes, sommes le point de convergence de deux niveaux de maturation de la Conscience : le contenant et le contenu. En nous la croisée des chemins et leur rencontre, l'union du haut et du bas ou leur séparation.

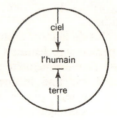

Nous découvrons ici le secret des respirations emboîtées, les mondes recouvrant des mondes. La fée ATTENTION y circule librement, adaptant son rythme à leur rythme, comme le plongeur s'enfonçant dans la mer ou remontant à la surface liquide. Le caisson de décompression demeurant indispensable pour l'appareil biologique.

Les révélations apportées par le « vécu » de mes expériences m'interdisent toute complaisance envers moi-même. Comme Heidegger le dit clairement dans « le sentier » : « Toute solidité ne s'accomplit que lorsque l'homme est tout à la fois disponible à l'exigence du ciel le plus haut et élevé sous la protection de la terre qui le porte. »

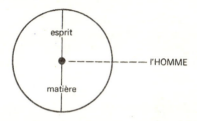

Respirer consciemment, c'est laisser entrer en soi, avec l'oxygène indispensable à la nourriture des cellules de notre corps et à son fonctionnement automatique, les éléments extrêmement subtils d'une substance supérieure dans l'ordre des vibrations et qui correspond à la nourriture du septième sens, le sens du « Vécu », donnant VIE à la dimension intérieure de profondeur en l'homme.

> « *La grandeur de l'homme n'est pas dans ce qu'il est, mais dans ce qu'il rend possible.* »
>
> AUROBINDO

Par un banal après-midi de vacances, à la faveur d'une rencontre avec des amis dans une auberge de la montagne bourbonnaise, je vécus une expérience inoubliable. Alors que se poursuivait une conversation anodine, je ressentis « viscéralement » l'évidence de l'*unité* de tous. Nous étions cependant très différents, tant par notre âge que par nos activités sociales. J'ajoute qu'aucun de mes compagnons ne perçut de changement dans mon attitude.

Plus aucune pensée ne s'élevait en moi. Je n'existais plus en tant que Jeanne Guesné. Il ne demeurait qu'une Présence unique, indivisible qui s'exprimait en chacun d'entre nous. Cette Présence « savait » qu'en l'un elle était calme, en l'autre légèrement agressive, en un autre amicale, en un autre encore mal à l'aise, etc., mais cela n'avait aucune importance. « Elle » jouait à travers nous à penser, sentir, agir simultanément.

Cette situation étrange subsista durant plusieurs minutes. J'étais globalement moi-même et chacun d'eux à la fois avec une évidence indiscutable. Physiquement, leur respiration et la mienne étaient la même. Je les

ressentais ensemble sans possibilité de les séparer. De la
même manière, je ressentais les réactions de chacun sans
qu'elles ne se mélangent, et curieusement la situation
dans son ensemble me paraissait « enfantine », ou plus
exactement elle était ressentie comme enfantine par
« Cela » qui l'expérimentait.

Tout en participant moi-même à la conversation, je
« percevais » le rythme d'un invisible courant d'énergie
nous reliant les uns aux autres dans une circulation qui
faisait de nous un seul organisme. La signification des
paroles échangées était totalement contenue dans une
sorte de substance immatérielle, source des mots prononcés.

Je ne vous demande surtout pas d'acquiescer à une
telle affirmation, qui ne serait qu'une croyance supplé-
mentaire, et j'en mesure le caractère incongru. Je vous
demande seulement d'y réfléchir... et « d'observer » en
vous.

Cette Présence, je l'appelle : le septième sens. Le mot
sans doute est contestable, mais qu'importe le terme
employé, c'est son actualité qui compte. Hélas, je n'ai pas
de pouvoir sur lui ; je ne peux le vivre à volonté. IL EST,
ou il N'EST PAS.

Jean Cocteau lui faisait-il référence dans sa phrase :
« Arrête-toi mon âme, sinon ma vie va se passer sans
toi » ?

Je vais être très précise et très simple à la fois. Je
n'éprouve jamais l'impression que ma main droite est
séparée de main gauche, ou que ma tête est étrangère à
mes jambes. Je me ressens comme un tout qui est mon
corps. Lorsque ce nouveau sens est actif en moi, il a
l'initiative de tout ce qui est perçu et IL EST TOUT CE QUI
EST PERÇU.

Une seule présence indivisible est là, avec ses multiples
différences internes, mais qui ne gênent pas davantage
que mes pieds ne gênent mes oreilles. C'est inexprimable

et cependant c'est aussi concret que l'obélisque sur la place de la Concorde.

Je suis « moi » et tout ce que je perçois. Ce n'est pas une sensation d'ubiquité : se sentir dans deux lieux différents à la fois. Il s'agit d'un ordre de grandeur infini. La sensorialité, le sentiment, le « ressentir » sont vécus simultanément, dans une amplitude et une profondeur inouïes. Cependant je ne cesse pas un instant d'être là, bien vivante, avec toute ma lucidité.

L'impossible s'est accompli : Être le pont enjambant l'abîme entre les deux dimensions de l'Être. Gagner le ciel sans abandonner la terre. Ni l'un ni l'autre exclusivement. Vivre simultanément les deux, et... ainsi réaliser le TROIS qui demeure encore UN.

Les amateurs de spectaculaire, de fantastique seront déçus. Cet état extra-ordinaire, je l'ai vécu en pelant des pommes de terre dans ma cuisine... en effilant des haricots. Il y a vingt ans de cela, il apparut soudainement, stoppant mon monologue intérieur. J'étais dans un magasin Prisunic à une heure de pointe dans le brouhaha du public et de la musique d'ambiance.

Pour la première fois je « reconnus » stupéfaite et ravie : la VIE dans « ma » vie. Elle m'avait déjà « visitée » douze ans plutôt, j'avais alors eu peur de cette puissance extraordinaire prenant possession de mes mécanismes fonctionnels. J'ai relaté l'expérience dans mon livre, *Le Grand Passage*[1].

Entre ces deux apparitions, elle revint de plus en plus souvent, et chaque fois sa trace subsista sous la forme d'un frémissement léger dans toutes les cellules de mon corps. Parfois c'est elle qui parle par ma bouche lorsqu'une question brûlante et longuement mûrie est posée par un interlocuteur attentif.

S'entendre parler, en ayant conscience que ce n'est pas

1. *Op. cit.*, p. 121.

soi qui parle, est une expérience tout à fait exceptionnelle...

Naturellement, il ne peut être question ici d'un état
médiumnique ou d'une quelconque transmission de
pensée. Cet état n'appartient pas à l'état habituel associé à
l'écoulement du temps. Je pense qu'il m'est arrivé
comme la conséquence d'un très long travail sur soi, fait
de « lâcher-prise », de « rappels de soi », d'observation
du fonctionnement de ma pensée, de mes réactions
quelles qu'elles soient.

> « Bien qu'on ait du cœur à l'ouvrage
> L'Art est long et le temps est court... »
>
> Baudelaire

Une harmonie puissante :
la VIE dans ma vie

> « *On peut croire, et l'on me permettra de préférer cette solution, que le processus d'intégration de l'âme, " carte à mémoire " de la totalité de notre identité personnelle, au corps énergétique, soit contenu dans un programme prévu... de toute éternité. Et par un constructeur d'une intelligence telle qu'elle est inconcevable... un constructeur qui prendrait soin de chaque atome et de chaque information, de chaque structure organisée, de la plus simple à la plus complexe comme l'être humain, en un mot de chacun d'entre nous... Prononcer son nom serait le réduire : l'émerveillement nous suffit.* »

Hélène RENARD [1]

Je me dois de préciser ce que je nomme les respirations emboîtées, et en particulier les trois respirations qui s'effectuent en l'homme.

La respiration du corps, la respiration psycho-mentale du complexe psycho-somatique qu'il représente et la respiration spirituelle de l'esprit en lui.

G. I. Gurdjieff nous en a donné une très claire représentation [2]. Il s'agit, non pas d'en discuter, mais de vérifier soi-même, en soi-même, par soi-même, sans se contenter de porter un jugement positif ou négatif au plan des idées.

La respiration de l'homme est reconnue s'effectuer en trois secondes environ durant la veille et un peu plus lentement au cours du sommeil. Les humeurs et les émotions la modifiant sensiblement. C'est une respiration durant laquelle est inspiré l'oxygène indispensable au maintien de la Vie. Par l'instauration d'un certain degré

---

1. *L'Après-Vie*, Éditions Philippe Lebaud.
2. *Récits de Belzébuth à son petit-fils.*

de conscience elle permet également la manifestation du mental. Or sans mental il n'y a qu'une vie végétative.

Cette conscience mentale est entretenue elle aussi par une respiration, mais d'un autre niveau d'attention et si je suis très vigilante, je peux la discerner. Elle est créatrice d'images mentales, de toutes les innombrables images mentales qui « font » ma vie et l'orientent en m'enfermant dans une bulle tissée par la récurrence de mes réactions automatisées. Il y a « inspiration » de substance mentale et « expiration » d'images-pensées. Son rythme est de vingt-quatre heures du jour et de la nuit, d'une rotation de la terre sur elle-même.

Si les images mentales que, sous l'influence immédiate de mes « humeurs », ma respiration fabrique et projette mécaniquement sur l'écran de mon conscient sont des images d'échecs, j'avancerai d'échec en échec. Dans le cas contraire la réussite m'est promise, dans la mesure où l'énergie d'images mentales émises par d'autres personnes ne s'y oppose pas.

Nous « meublons » notre existence temporelle de « ce qui prend naissance en nous » et nos respirations confondues lui insufflent la Vie en le concrétisant dans l'espace clos de notre dimension humaine.

C'est une découverte fondamentale qui demande plus d'un instant de réflexion, car cela se passe ainsi et nous n'y pouvons rien. Combien de fois n'avons-nous pas répondu à une observation sur notre comportement psychologique par « Je suis comme cela, je ne peux pas changer. Il faut me prendre comme je suis » ?

Il n'est pas facile de se libérer de ses propres images mentales et en priorité de celle que l'on se fait de soi-même. L'enseignement de G. I. Gurdjieff était en grande partie axé sur cette réalisation, base indispensable de la Connaissance de Soi.

La troisième respiration est celle de la Conscience intemporelle, immanente en l'Homme. Son inspiration est celle de l'essence de l'Être, son expiration sa lumière d'éternité. Nous en sommes inconscients. La durée de chaque existence humaine est le temps « d'une seule respiration » de l'ÊTRE dont Tout est sorti et où Tout revient.

A chaque instant de mon temps, c'est Elle, la Grande VIE ; d'autres l'appelle DIEU, qui perce de sa foudre cosmique les murailles de la durée pour que jaillisse la CONSCIENCE dans l'instant créateur où l'humain « éveillé » s'agenouille dans le secret de lui-même, devant l'HOMME qui naît à l'INTEMPOREL.

Des milliards de spermatozoïdes sont prodigués par la nature humaine pour un seul corps d'enfant gesté. Mais à l'autre extrémité de la chaîne de l'existence, combien de cadavres humains pourrait-on compter pour UN HOMME franchissant « le grand passage » de la mort à l'immortalité ?

Lorsqu'on a compris, c'est-à-dire « saisi » avec toute la sensibilité de ses cellules en alerte le « sens » de cette exceptionnelle respiration, la Vie devient « autre ». On ne peut plus retourner en arrière. On constate cette chose paradoxale : d'une part on est beaucoup moins attaché aux intérêts de ce monde, et d'autre part on exécute tout ce que l'on fait avec infiniment plus de confiance, de sérieux et d'efficacité.

Il est très difficile, pour ne pas dire impossible d'imaginer ce que la pratique régulière du travail intérieur peut apporter de calme et de force tranquille dans le déroulement de la vie quotidienne. Des potentialités inconnues se révèlent dans une compréhension lumineuse comme un rayon de soleil dans un ciel de printemps.

Je crois vraiment qu'une nouvelle attitude mentale, esthétique et physique devant nos problèmes actuels devient indispensable, si nous voulons leur apporter une solution qui ne se contente pas de les surmonter, mais plutôt de les comprendre.

Le XXe siècle, grâce aux progrès de sa technologie, a

permis l'éclosion d'habitudes d'hygiène corporelle, diété-
tique, écologique (bien que cette dernière soit souvent
contestable à long terme) qui ont largement augmenté la
moyenne de vie de l'homme. Il est grand temps que
s'impose à lui la nécessité d'une hygiène émotionnelle et
mentale quotidienne, sous forme de prise de conscience
de soi, de lâcher-prise, de rappels de soi, « d'insight »
pour employer le mot de Krishnamurti. Toutes ces
disciplines de l'activité de notre ATTENTION conduisent à
une maturité de l'ÊTRE en nous. Dans son livre [1] *L'Après-
Vie*, Hélène Renard a brossé un éventail très complet de
toutes les informations actuellement recueillies et étu-
diées, tant dans les Traditions, les cultures millénaires
que dans les recherches scientifiques et philosophiques
contemporaines.

Cette hygiène du cœur et de l'esprit était enseignée par
les Religions sous la forme d'examens de conscience, de
prières, d'assistance à un culte rituel. Il semble que le
choc brutal des deux grandes guerres qui endeuillèrent
l'Occident, avec tous les traumatismes sociaux et familiaux qui les ont accompagnées, ait contribué à la
désaffection des pratiques religieuses. Mais la croyance
en telle ou telle doctrine n'est pas la FOI. L'une est
humaine, donc mortelle, l'autre est la semence de
Lumière de Dieu en l'Homme. Elle est invulnérable. Elle
EST.

« J'ai dans l'âme une fleur que nul ne peut cueillir »
(Victor Hugo).

1. *Op. cit.*

> « *Le même fleuve de vie qui coule à travers mes veines nuit et jour court à travers le monde et danse en pulsations rythmées.*
>
> *C'est cette même joie qui pousse à travers la poudre de la terre sa joie en innombrables brins d'herbe et éclate en fougueuses vagues de feuilles et de fleurs.*
>
> *Je sens mes membres glorifiés au toucher de cette Vie universelle et je m'enorgueillis, car le grand battement de la nuit des âges, c'est dans mon cœur qu'il danse en ce moment.* »
>
> Rabindranath TAGORE

L'énergie spirituelle vécue dans une lucidité totale possède un degré d'efficience indécelable aux yeux de quelque autorité que ce soit et cependant capable d'opérer un bouleversement complet du moi psychologique.

Sous l'impitoyable éclairage de l'Attention Consciente et volontaire, l'image mentale de soi-même s'évanouit laissant seulement le balbutiement d'une promesse de clarté si l'effort intérieur est entretenu avec persévérance.

La Vie opère selon ses lois propres et non selon nos désirs. Une transformation lentement nourrie peut s'amorcer dans la personnalité si nous ne brusquons rien. Une femme enceinte ne mettra pas son enfant au monde en trois mois, même si elle absorbe trois fois plus de nourriture. Elle n'y gagnera au mieux que des complications digestives.

Le travail intérieur mené avec patience et persévérance actualise toutes nos potentialités, les souhaitables et les indésirables. Elles grandissent comme le bon grain et l'ivraie. Ainsi comprenons-nous que soient exigées par toutes les écoles de sagesse à travers les âges les ascèses de pensées et de désirs.

Il nous faut également savoir que nos aspirations, fussent-elles spirituelles, obéissent à un rythme pendulaire immuable qui règle une pression contraignante sur notre personnalité. Toutes ces considérations doivent être prises en compte avant de faire le point sur la véritable valeur de notre travail intérieur. Patience, persévérance sont des vertus requises au même titre que le calme et la lucidité. Ces qualités éloigneront en les rebutant tous les agités avides de résultats spectaculaires qui ne sont qu'illusions.

Seul l'Être en celui qui s'éveille peut établir spontanément une relation de résonance intérieure, sans passer par une adhésion intellectuelle. Une transformation véritable et efficace peut alors s'amorcer.

Durant les instants *volontairement conscients* vécus au cours de notre vie quotidienne, des éléments supérieurs de l'essence du mental pénètrent en nous et sont assimilés et traduits par notre intellect sous formes de symboles, de mythes millénaires, selon les critères de notre conditionnement mental.

Toutes les séparations, tous les clivages émanent de notre mental dont la fonction essentielle est de décomposer toute chose en ses composants afin de les analyser. Notre intellect est un fabricant d'images, de concepts à partir de la « substance extra-spatio-temporelle » contenue dans l'air inhalé. L'énergie-Attention, présente dans l'instant, est le catalyseur indispensable à son assimilation.

Le lieu de mon travail quotidien est mon corps avec ses ordinateurs (intellectuel, émotionnel et moteur) et leurs dérivés d'une haute complexité organisatrice qui en assurent le fonctionnement intégral. Je poursuis chaque jour dans mon « laboratoire psychosomatique » l'itinéraire secret de mes pulsions les plus profondes, jusqu'à la découverte du point crucial où l'intelligible devient sensible.

J'exprime ici la perception vivante et vécue d'un autre

aspect de l'Énergie-Vie-Conscience, lors d'une grande tension d'Attention intérieure, dans un état de lucidité et de sensibilité intenses qui fait éclater les structures limitant habituellement les manifestations de la Conscience dans l'humain.

Tous les « possibles » sont là, virtuellement contenus dans l'essence du mental qui entre en nous à chaque « aspir ». Auquel allons-nous donner VIE ?

Si les hommes comprenaient cette capacité d'actualisation qui leur est offerte...

Quel bain de jouvence ! Une intense lucidité reliant les événements de tous ordres, politiques, sociaux, moraux, économiques et familiaux en une totale harmonie agissante.

Jusqu'à présent la VIE a servi l'humain et, à partir de cette compréhension de la VIE-RESPIRATION, l'humain devenu l'HOMME peut servir la VIE. Par cette conversion, ce renversement à l'intérieur de lui-même, il répond à l'appel silencieux de la Conscience. Il s'éveille à une réalité où tout désir personnel est banni. Une conscience qui, si je peux employer cette image singulière, ouvre les mains pour recevoir et non plus pour prendre.

Il peut sentir la VIE comme le rayonnement d'un sourire jamais épuisé, pénétrant les humains et déclenchant une épidémie terriblement contagieuse de FRATERNITÉ...

Utopie, direz-vous ?

Pourquoi ? Souvenons-nous des horribles déferlements de la peste, du typhus, du choléra, etc. L'Homme les a jugulés.

Alors, quel est le vaccin ? Contre la peur, la violence, la haine ?

Le vaccin, tous les vaccins psychiques sont en nous. Soyons nous-mêmes le laboratoire qui les produit. Nous sommes un processus vivant en lequel peut naître et multiplier l'AMOUR, annihilateur de tous les conflits.

Je ne me permettrais pas d'écrire ces lignes si je n'avais

inextricablement imbriquée dans les cellules de mon
cœur, de mon ventre et de mon cerveau, la certitude que
ma quête est à la fois, l'humour ne perdant jamais ses
droits, celle de l'affamé de vérité, indissociable de celle de
Tintin naïf et intrépide. Leur proximité inattendue
autant qu'étrange dans ma démarche est garante de mon
équilibre.

Ils me font apprécier la différence entre : fonctionner
et ÊTRE.

Je sais que tout cela est irrationnel, mais ce qui était
irrationnel il y a encore deux siècles, et encore moins que
cela, par la grâce des recherches et des découvertes
scientifiques figure dans le rationnel d'aujourd'hui.
Combien de théories irrationnelles énoncées hier sont
totalement dépassées et périmées aujourd'hui ?

Ce « quelque chose » qui vit en moi d'une vie plus
riche, plus intense que la vie de mon personnage bavard
et falot à la tête trop pleine, réclame ma disponibilité
totale. Par un travail incessant d'intériorisation, je vois
mon erreur : en réalité je ne fais rien moi-même, c'est la
VIE qui travaille en moi. C'est la lumière tombant sur le
prisme qu'est mon mental personnel qui se décompose en
couleurs, images, mots, concepts, etc.

À un certain degré de profondeur, on touche à
l'Universel où convergent les correspondances des différents niveaux. Ma tête encombrée de mémoires se vide,
se tait. Je pense à la phrase d'Alfred Sapin dans *Poésie
84* : « Et mille et mille soleils veillent sur la nuit de la
grotte du cœur. »

Renouer en soi avec la source de toute VIE... DIEU... je
donne à ce mot le sens de non-connaissable, l'intraduisible absolu. L'inconnu connaissable se situe dans le
temps, dans le devenir de l'homme alors que l'inconnaissable, le non-pensable est au-delà de notre espace-temps.

Un monde doué de significations nouvelles s'ouvre à
celui qui cherche avec persévérance le sens de son
existence entre les violences de la nature et la violence des

hommes. Son interrogation douloureusement ressentie fait jaillir la perception intuitive de l'unité du « vivant » dans les choses dissemblables, et dans la plus extrême solitude peut émerger l'amour qui unifie tout.

La Vie est là, ici et maintenant à chaque instant du temps et c'est avec elle que nous avons rendez-vous.

Lorsque je ne me « sens » pas au-dedans de moi, tout apparaît sans épaisseur, terne, morne, sans chaleur. Aucun voyage, proche ou lointain, ne m'insufflera une parcelle de ce substrat indéfinissable qui modifie le rythme de mon souffle et de mon sang, reliant dans mon intériorité profonde le réel et l'impossible.

Que ce soient Stockholm, Bergen, Oslo, Hambourg, Vienne, Florence, Grenade, Salzbourg, etc., que sais-je encore ? Ni l'océan tumultueux, ni la montagne sauvage, ni la forêt silencieuse, même si leur vision évoque des souvenirs précieux, ne pourra nourrir ma faim de « quelque chose » d'immuable qui demeure à jamais. Ces paysages, ces villes et ma rencontre avec elles ne sont que des décors dans lesquels j'évolue à la recherche de la seule chose valable : la VIE dans ma vie...

À travers un langage de sensations qui parle directement à la sensibilité émotive, je tente d'établir avec moi-même une relation humaine sur une longueur d'onde inhabituelle. Lorsque je réussis à obtenir le contact intérieur, je sais que je peux le transmettre par la parole ou l'écriture. Une certaine intensité, un rythme latent les soutiennent et les guident dans la mesure où je m'abandonne à la VIE, où je ne lui résiste plus. C'est cela le plus difficile : ne plus faire, mais LAISSER FAIRE à travers soi.

Constamment notre démarche dans la recherche de la Connaissance voisine avec la proximité d'une aube à la fois proche et lointaine, confusément ressentie et qui maintient en nous une soif ardente de « l'inconnu ». Il est impossible de se soustraire à cet appel des cimes lorsqu'il émane de notre profondeur.

« Ô pour moi seul, à moi seul, en moi-même,
Auprès d'un cœur, aux sources du poème,
Entre le vide et l'événement pur,
J'attends l'écho de ma grandeur interne,
Amère, sombre et sonore citerne,
Sonnant dans l'âme un creux toujours futur !

Midi là-haut, Midi sans mouvement
En soi se pense et convient à soi-même...
Tête complète et parfait diadème.
Je suis en toi le secret changement. »

                    Paul Valéry (*Le Cimetière marin*)

> *« Personne ne peut se baigner deux fois dans la même rivière. »*
>
> HÉRACLITE

Depuis des années un rêve revient de plus en plus distinctement. Au début je m'éveillais sur son image qui me laissait anxieuse, pénétrée de la même interrogation : que signifie cela ?

Depuis quelques années, il se transforme en un « rêve éveillé » apparaissant sous la forme d'une impression mentale, au cours de la journée : Je suis sur le quai d'une gare déserte. Il fait nuit... j'entends le sifflement aigu d'un train qui passe en trombe. Je sens que je dois absolument prendre ce train, sauter en marche... malgré mon élan, mes pieds demeurent fixés au sol... et l'instant est passé.

Chaque fois la scène est vécue plus intensément, ma paralysie sur le quai est plus douloureuse... Comment sauter sur le marchepied ? Et des années s'écoulent... le train passe toujours, et toujours je demeure les reins ankylosés sur le quai...

Subitement, aujourd'hui, lorsque le son aigu du sifflet a retenti, l'espace a comme éclaté dans ma tête, m'ouvrant à une compréhension d'un niveau inconnu jusque-là :

Je n'ai pas à m'évader en sautant dans ce train. Au contraire, ici sur le quai, je dois « relier » le monde du train (niveau supérieur de conscience) au monde du quai (mon niveau habituel de conscience). Cela ne peut se faire que par la prise de conscience des deux niveaux simultanément, c'est-à-dire des deux fréquences vibratoires : celle qui m'est habituelle et l'instantanéité-intensité que représente celle de la vitesse du train.

Je n'ai rien à quitter. Il me faut ÊTRE ici et maintenant la PRÉSENCE qui relie tous les niveaux de conscience. La Présence qui comprend cela, qui EST cela.

Mais la révélation se poursuit : le train, le quai de la gare et Jeanne Guesné sur le quai, rien de cela n'existe extérieurement. Tout vient de moi, tout est en moi... l'image mentale s'intériorise... elle se « vit » dans la profondeur de mon Être. C'est ici le foyer où tout se résorbe en un éblouissement de l'esprit qui reconnaît son Unité.

Je me « ressens » comme le lieu de jonction des deux mondes de conscience, le point infinitésimal et sans limites qui relie le hors-temps et le temps, en un « vécu » sans temps et sans espace qui soutient tout le créé, le nourrit, le fait ÊTRE.

La fonction cosmique de l'Homme, c'est CELA : il doit ÊTRE. Lorsqu'il EST, le ciel et la terre, l'universel et le particulier, l'esprit et la matière sont reliés.

Mais l'homme est Pierre, Jean, Jacques, Simone, Marie, Françoise, etc., et moi je suis Jeanne Guesné... l'incandescence a disparu... les ténèbres règnent de nouveau en moi et sur le monde, mais je garde dans ma chair la brûlure indélébile de la Révélation.

Il devient évident aujourd'hui que de nombreuses personnalités de milieux très différents et de formation pluridisciplinaire contestent nos systèmes d'organisation des sociétés contemporaines, et prennent conscience de la nécessité d'une ouverture sur une compréhension inconnue.

Intuitivement, l'homme sent que l'expérience ultime de son ÊTRE passe par son corps, autant que par sa pensée. Où que je sois, quelle que soit mon occupation, en arrière-fond de mon monologue associatif qui ne cesse jamais, il est en moi une « clarté », une évidence vécue qui ne dépend d'aucune doctrine, ne se rattache à aucun système. Une clarté qui se suffit à elle-même et m'ouvre à tout, dans une « dilatation intérieure », imperméable à la peur, aux angoisses.

Il est plusieurs degrés d'intensité-instantanéité. Tous ces niveaux sont contenus les uns dans les autres, car chacun est une « plage de conscience » qui construit sa vie personnelle, avec tout ce que cela comporte d'implications objectives et subjectives.

En résumé, l'ascèse spirituelle est la découverte de ces différents niveaux et leur exploration. Nous recevons constamment des impulsions de ces plans supra-conscients. Nous les traduisons en images qui s'organisent en concepts, lesquels suscitent des émotions positives ou négatives et cela détermine nos « humeurs » fluctuantes, responsables de nos comportements. À ce faisceau instable de manifestations nous donnons le nom d'homme...

Un jour peut-être, à la suite d'un choc donné par les événements, il se produira une sorte d'entre-acte du monologue intérieur, et ces impulsions seront reçues et reconnues avant qu'elles ne se recouvrent de leur habillage verbal habituel. Directement, sans hiatus elles iront nourrir nos sens intérieurs qui les réclament pour croître et multiplier. Pour un instant l'homme devient l'HOMME. Ensuite il en gardera le souvenir-mémoire. Si une interrogation en jaillit un jour, sans doute comprendra-t-il qu'il a vécu un instant de VIE intensifiée. C'est ainsi, peu à peu, de lueur en lueur, que le second corps de l'Homme croît en lui.

Depuis longtemps déjà l'essentiel de mon travail intérieur, le mouvement extra-corporel de mes prises de conscience, s'est mué en une exploration intra-corporelle de prises de conscience de ma profondeur. Je lui dois de précieuses indications, et en premier lieu celle-ci :

« Chaque prise de conscience vers le " haut " correspond automatiquement à une prise de conscience vers le " bas ". Je ne peux faire un pas en avant dans le domaine de la pensée, sans qu'il ne se répercute aussitôt par une impression " dilatante " dans ma chair, une chaleur lumineuse dans mes cellules. Ma pensée est portée par une onde qui jaillit de mon corps. Elle est habillée de chaleur et de lumière. Elle ne m'appartient pas en propre, elle n'est pas pour mon usage personnel. Je dois la transmettre à ceux qui voudront bien la recevoir, l'accueillir dans leur intimité profonde. Désormais, ils en ont la responsabilité. »

Une nuit, j'eus cette révélation :

Les mots, les quarante-cinq mille mots du dictionnaire et tous les innombrables mots des langues et des dialectes du monde dansaient un ballet fabuleux devant mon regard intérieur.

Ils étaient les atomes de cette matière subtile que nous appelons la pensée... et la pensée parlée EST le VERBE. Toujours s'impose l'analogie entre les différents niveaux du manifesté :

On brise le noyau de l'atome pour dégager la fantastique énergie nucléaire qui peut détruire le créé. On casse un mot en ses composants sonores et on libère l'essence du son, le silence ultime dans lequel tout le manifesté se résorbe.

Le son « vivant » vrille sa charge énergétique qui explose dans la chair, la fait vibrer, éveille les cellules à une intensité de conscience qu'elles ignoraient... Dans un éclair je comprends les possibilités inhérentes au Verbe, lorsque la parole est pensée dans l'intellect, sentie dans le cœur et éprouvée dans la chair. Il est alors le Verbe Créateur.

Lorsqu'il y a des centaines de milliers d'années les animaux de la préhistoire poussèrent leur premier cri... ce cri, qui se multiplia depuis la nuit des temps, se modula en d'innombrables intonations, s'affina dans certaines espèces... devint le cri des premiers hominiens pour se convertir en les voyelles que le déroulement des temps coordonna, adapta aux larynx humains... exprima des réactions...

Une ébauche d'association entre le son, les impressions sensorielles annexes, le geste, amorça les prémices d'une signification... puis durant des dizaines de milliers d'années se tissèrent des lignes de cohérence entre ces premiers frémissements d'une pensée... qui ne cessa de se développer en franchissant des seuils de plus en plus subtils.

De la pensée associative, elle devint la pensée réfléchie, puis la pensée imaginative très proche de la pensée créative... jusqu'à la pensée consciente, vivante dans l'homme éveillé.

Je ressens l'impact formidable de la Vie à travers le minéral, le végétal, l'animal, inclus dans l'organisme humain où chair, psychisme et mental sont brassés jusqu'au jaillissement de la Substance où s'inscrit la Conscience impérissable.

Lorsque la « dilatation » du cœur nous révèle comme rationnel ce qui nous apparaissait irrationnel auparavant, la Conscience innée en nous s'exprime à travers notre chair comblée par la luminosité d'un sourire et le rayonnement du regard. Le sourire est une envolée de l'Homme jusqu'aux sommets éblouissants de l'Amour.

Alors s'impose la fabuleuse évidence : TOUT EST

VIE. Que cette Vie ait une forme corporelle ou qu'elle soit inaccessible à notre système sensoriel humain, elle EST.

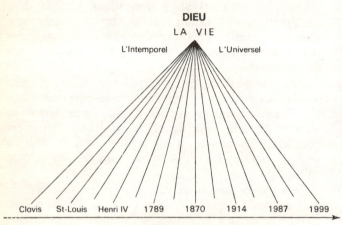

DIEU
LA VIE
L'Intemporel   L'Universel

Clovis   St-Louis   Henri IV   1789   1870   1914   1987   1999

L'Existence dans notre espace-temps

> « *On ne se grandit que dans la mesure où l'on se donne à plus grand et plus haut que soi.* »
>
> A. de SAINT-EXUPÉRY

L'évidence de l'Être n'est pas le résultat d'une connaissance théorique et n'appartient à aucune catégorie psychologique. Il est le fruit d'une longue expérience consolidée par l'effort persévérant du travail intérieur, où chaque seconde marque le rythme d'un dynamisme créateur.

La perception mentale mobilise et fige notre attention. La perception de l'ÊTRE libère notre Attention. C'est elle, l'attention libérée, qui est la substance de notre septième sens, en amont de toute image, de toute formulation. Le mental est impuissant lorsqu'apparaît le septième sens. Il fait alors allégeance et se met à son service.

Le mental devient alors le médiateur entre la matière (le corps) et l'esprit (l'intuition). Jusqu'à cet instant la pensée a dominé. Maintenant elle va servir à plus grand qu'elle : l'Attention consciente.

Cette histoire zen est très savoureuse à ce sujet :

« Au Maître Ikkyou, un disciple demande :
— Maître, voulez-vous m'écrire quelques principes de haute sagesse ?

Ikkyou prit un pinceau et écrivit le mot : ATTEN-
TION.

— C'est tout, fit l'homme, vous ne voulez pas
ajouter quelque chose ?

Ikkyou écrivit deux fois de suite : ATTENTION —
ATTENTION.

Puis trois fois à la suite de la déception du question-
neur.

— Quand même, ajouta celui-ci, dépité, je ne vois
guère de profondeur ni de subtilité dans ce que vous
écrivez là. En définitive, que signifie ce mot ?

Et Ikkyou répondit :

— Attention signifie Attention ! »

> « *Le moine demande au Maître :*
> *— Comment puis-je m'engager sur la voie ?*
> *Et le Maître lui montrant le torrent qui coule*
> *répond : — Entends-tu le bruit de ce torrent ? —*
> *Oui, dit le moine. — Dans ce cas, je n'ai rien à*
> *t'apprendre, là est la porte.* »

Koan ZEN

Le monde extérieur n'est pas indépendant du champ de ma conscience.

La grande importance du regard que nous portons sur notre vie intérieure et la qualité de l'écoute que nous lui accordons, enrichissent notre vie quotidienne d'une saveur et d'un parfum extrêmement subtils qui transcendent le fracas assourdissant du monde extérieur.

Il est indispensable d'adopter une nouvelle attitude psychique et physique, ainsi qu'un nouveau langage libéré des clichés figés de la mémoire psychologique, afin de vivre pleinement et sans conflit la VIE qui s'exprime à travers nous par nos gestes, nos paroles, nos actions.

Le premier pas dans la sagesse, c'est de savoir ce que l'on est, et que l'on est très peu. Le voir, l'accepter, sans que se lève la plus petite vague émotionnelle.

Toujours existe en moi cette identité de l'ATTENTION CONSCIENTE et de l'éveil à moi-même. C'est le fait central de mon expérience. Soudain les yeux de mon corps cessent de se placer en priorité. La source précède la rivière, et la source ici, c'est l'essence du regard intérieur qui la révèle. Ce n'est plus moi, Jeanne Guesné, qui la fais naître. C'est elle qui se libère de Jeanne Guesné en apparaissant. Elle était là depuis toujours… et je l'ignorais.

Sans doute ai-je déjà été visitée par des impressions analogues lors de la souffrance éprouvée en face du mystère de la mort et de ce déchirement sacré du cœur qui contemple le corps aimé, désormais inerte et déserté par la VIE.

« L'homme qui ne sait pas nager, s'il tombe accidentellement à l'eau, se débat furieusement et coule. L'homme qui sait nager, quand il entre dans l'eau, peut le faire sans presque rider la surface liquide, et, très tranquillement, presque sans effort peut atteindre l'autre rive. »

Aujourd'hui s'accentue de plus en plus la tendance à accorder de l'importance à la seule action physique, cassant ainsi le déroulement harmonieux de l'existence. On part à telle heure… on arrive à telle autre. On fait telle chose, puis telle autre, etc. La Vie n'est pas une activité indépendante et supérieure contenant toutes les petites activités secondaires qui en jalonnent le déroulement… L'origine de TOUT, pour moi, c'est le principe conscient en moi, essence commune de tous les Hommes.

Et tout à coup une certitude s'impose à mon conscient :

Habituellement mon attention se concentre sur le « moi » du moment, et le piège se referme. Je suis « agie », je ne suis plus agissante. En moi tous les niveaux d'attention existent simultanément. Ce n'est pas eux qui apparaissent ou disparaissent, c'est moi qui me déplace sur eux à la façon du diabolo. Naturellement un état d'attention instable, agitée, crée un environnement psychologique instable, agité. Elle est douée d'un pouvoir automatique de création… Si nous vivions dans un état d'attention consciente, dans la conscience d'ÊTRE, la terre, notre chère et bonne mère à tous, serait un Paradis.

Quelle responsabilité lorsqu'on comprend cela ! Je me sens telle une maison en construction dont seul le rez-de-chaussée est terminé, mais il n'est pas éclairé et j'essaie en vain d'y installer un courant de lumière par mes analyses rationnelles ; je n'y arrive jamais. Je me désole, je bute en vain contre les artifices de ma mémoire... et le temps de mon existence s'écoule inexorablement, écrasant toute espérance et me révélant mon impuissance...

Je refuse que ma vie ne soit que le battement de mon sang, le mouvement de l'air dans mes poumons, la succession des fonctions de mon corps, serait-ce même la capacité intellectuelle de ma pensée. Je veux autre chose que ce naufrage de mon intelligence dans cette fosse de désespérance... Soudain une idée a jailli : des volets peuvent s'ouvrir, JE NE LE SAVAIS PAS. Je fais le geste nécessaire, la lumière inonde la pièce. C'est la VIE dans ma vie, toujours présente, mais je suis aveugle à cette évidence qui confond la raison. Combien de fois encore l'oublierai-je en me désespérant ?

Il est une clé pour la retrouver : Ressentir le besoin de LA Vivre, avec la même intensité que je ressens le besoin de respirer.

J'appelle ce « geste » le voyage au bout de ma vie. Le geste d'être conscient de ses paroles, de ses sensations, de ses sentiments, de ses pensées. Oh, cela ne dure pas, je suis très vite reprise par les associations automatiques de mes habitudes auxquelles je suis identifiée. La plus ancienne et la plus préjudiciable étant celle qui apparaît en priorité lorsque je m'éveille chaque matin : moi-je, l'entité fantomatique qui crée le mirage du monde en m'enchaînant.

Je suis un faisceau d'habitudes qui s'est tissé depuis mon enfance. Aucune manifestation qui ne soit une habitude. Chaque matin je suis créée à l'image de la veille. Chaque soir le sommeil dissocie la trame. Derrière cette illusion, mon Être, ou ma capacité d'Être, dort. L'attention qui a créé ces habitudes s'est identifiée à elles, et seul un effort persévérant et très sûr percera ce mur psychologique. Les besoins, les désirs, les aversions appartiennent au moi, ils sont sa réalité subjective, l'écran.

La Vie, avec ses événements souvent tragiques, est le champ d'expériences offertes soit pour nous maintenir dans le sommeil de la conscience, soit pour nous éveiller. La clé en est toujours l'ATTENTION, selon qu'elle sera automatique ou consciente. Un grand choc physique ou psychologique imposé par la Vie, et dans l'instant la fantasmagorie cesse. Il demeure la Conscience d'Être qui n'a jamais cessé d'être là.

En un éclair je comprends que la personnalité est nourrie par l'imagination. Elle n'est qu'un instrument de manifestation qui doit être aux ordres de l'ÊTRE intérieur. La personnalité est le serviteur de l'Être. Elle n'a pas à être détruite, mais « apprivoisée », soumise. L'attention ne doit plus s'identifier à la personnalité, mais rester libre et l'éclairer. Il ne doit demeurer que CELA qui voit que tous les mouvements intérieurs sont subjectifs, arbitraires.

Une habitude est une répétition automatique d'une série de contractions éduquées et associées entre elles. Il en est de très simples, d'autres très complexes. Les habitudes sont les canaux par lesquels s'écoule l'Attention.

Devant ce constat je sens monter du fond de moi une résistance contre un piège machiavélique qui me retient prisonnière, comme le bateau pris dans les glaces polaires. Une impossibilité de me libérer des milliers de liens tissant mes habitudes étouffe dans l'œuf mon aspiration à ÊTRE. Mais cette aspiration irrépressible qui me « laboure » dans mon ultime profondeur, je la « reconnais » : elle est le SENS d'ÊTRE…, l'AGIR UNIVERSEL.

> *« Les corps ont nécessairement une fin ; mais ce qui habite les corps est éternel, indestructible, illimité. »*
>
> *Bagavad Gîtâ* (Chant II)

Le courant de la vie ne cesse de couler à travers des myriades de formes différentes qui naissent et meurent. La réalité est la permanence de ce mouvement vivant : la Vie ici et maintenant, avec ses rues encombrées et bruyantes, ses interdictions, l'étroit morceau du ciel aperçu entre deux immeubles, l'odeur obsédante du bitume chauffé par le soleil...

Demain ce sera encore Ici et Maintenant, vécu peut-être en contemplant l'eau calme et polie comme un miroir de l'étang, ou la cime flamboyante de l'érable sous les rayons du soleil couchant, en écoutant le doux bruissement du vent caresser le feuillage tendre des bouleaux.

Nous possédons chacun notre monde sensoriel propre mais chacun de ces mondes prend naissance dans un sol mental commun. Un vieil axiome chinois énonce qu'une image vaut un million de mots. Un langage imagé, qui va au-delà de la simple conceptualisation, nous ouvre à la vision d'une éternité sans fin, œuvrant à travers une succession d'univers emboîtés comme des poupées russes, en regard desquels l'homme apparaît comme une infime particule.

Je dois reconnaître que cette image de corps contenant des corps, de respiration contenant des respirations plus rapides et elle-même contenue dans une respiration immense, répond à l'intuition intellectuelle ressentie souvent au cours de mes expériences.

Analogiquement je dirais que je suis le barreur d'une équipe sur un canot et simultanément je rame dans une embarcation à un autre niveau.

Mes rencontres avec la réalité ne sont pas et n'ont pas à être des rencontres avec ma raison. Elles suscitent spontanément une « question » qui jaillit de mon intériorité profonde, et qui oriente mes actions.

Avec le recul du temps, il m'apparaît très clairement que ces questions, arrivées à maturité après un long cheminement souterrain, sont comme des fruits au bout des branches de mon « arbre de VIE ».

Dans un impensable dialogue intérieur, ces fruits je les offre à une entité inconnue (j'emploie ce mot faute d'en connaître un meilleur) qui d'une certaine façon est encore moi, et qui s'en nourrit comme mon corps se nourrit de pain.

Ce n'est pas une image, ni une idée originale, mais un constat qui s'impose à moi comme une évidence.

L'arbre fut le fragile arbuste de mon enfance qui grandit, puis s'épanouit en un feuillage trop dense de la complaisance avec moi-même, la sottise vaniteuse, la mièvrerie sentimentale de projets stériles. Une sorte d'amertume vague et molle m'enserrait dans un lacis de fils invisibles et par des milliers de tentacules me suçait le sang, paralysant la montée de la sève vivifiante...

Alors s'abattirent sur moi les coupes sombres, les élagages douloureux qu'on appelle les chocs du destin, et la croissance de l'arbre dont les racines saines avaient résisté reprit son essor.

L'arbre, c'est le corps! et tous ses niveaux de sensations doivent être éveillés pour que Sa Parole soit le

Verbe. N'oublions pas que le plus voit le moins, mais le moins ne peut voir le plus.

Il y a la parole de l'intellect exprimée en mots. L'intensité qui les porte est la parole du sentiment. La parole du corps a un poids, une masse tangible lente à s'imprégner de la vibration des deux autres. Elle requiert une impulsion de tout l'être pour vibrer à l'unisson. Elle émane de l'état de perception directe où le penseur n'est plus.

A ce niveau seulement, elle est la PAROLE, ni la vôtre ni la mienne, mais la Parole vivante, consciente, la Parole cohérence du monde, intarissable source de la signification des choses... communication vivante entre les hommes. Merveille des merveilles qu'ils tronçonnent, salissent, déracinent, jettent à tous vents dans un amoncellement de mots sans vie, parce qu'ils ont oublié ou qu'ils ignorent que la Parole est un acte sacré qui exige respect et Présence à soi-même.

*La conscience
préexiste à la pensée*

> *« Le perçu ne peut percevoir. La réalité ne peut être perçue par le relatif : tant qu'il y a le sujet qui observe et la chose observée, il y a dualité, donc ignorance. »*
>
> Émile GILLABERT,
> *La Voie de la gnose éternelle*

Il est impossible de penser sérieusement que notre existence, qui est celle de la société, doit se fonder en priorité sur le principe économique. Sa participation est certes indispensable, mais une certaine hiérarchie s'impose. Sinon, il en sortira une réaction sous l'effet d'un nouveau souffle répondant à un « appel », dont on discerne les prémisses.

Tout savoir est conceptuel. Les problèmes n'existent pas en dehors du mental qui les crée ; ce mental qui crée le temps, l'espace, la matière. Sans formulation, l'intellect n'existe pas. En chaque créature, il développe une personnalité, un « moi-je », et nous n'avons que des rapports d'intellect à intellect. C'est ainsi que nos existences sont déshumanisées.

Nous devons découvrir et reconnaître notre faculté de prendre conscience à tous les niveaux de notre existence. Elle sera la lumière nous révélant le jeu de la dualisation en penseur et pensé, en chercheur et cherché. Tout le créé nous apparaîtra comme une apparence transitoire dans le champ de la Conscience Universelle.

La Voie de la Connaissance est une suite d'étapes

débouchant chacune sur une prise de conscience qui ouvre sur la suivante. Le mécanisme cérébral est actuellement reproduit dans les ordinateurs et leurs capacités de calculer et de mémoriser fonctionnent beaucoup plus rapidement que les capacités humaines.

Mais l'homme possède la faculté de « percevoir » des impressions que l'intelligence cérébrale rationnelle ne peut comprendre comme telles, s'il ne peut les concrétiser. Le sens de la proportion, de la mesure, de l'harmonie, de l'amitié s'imposent à nous, et démontrent l'existence d'un monde différent, sans doute parallèle, mais impossible à objectiver. Un « sens » nouveau, d'une tout autre nature, dépasse les limites de notre perception sensorielle cérébrale.

C'est le sens de la Connaissance innée, sans traduction intellectuelle immédiate. Peut-être pourrait-on le nommer le sens du VERBE ?

Habituellement comprendre quelque chose (objet, situation, etc.), c'est en avoir une représentation mentale qui s'inscrit dans notre mémoire intellectuelle.

Comprendre cette même chose par la conscience innée, c'est, sans interférence cérébrale, prendre directement contact avec les fonctions vitales de l'organisme cellulaire au sein duquel s'inscrit la mémoire du vécu de l'instant.

La conscience innée en nous est la Connaissance « à priori », celle qui nous permet de « sentir » l'autre, sa souffrance, sa joie, « d'Être » l'autre et toutes choses.

Lorsque, dans l'état d'attention habituelle, nous recevons une impression-sensation, elle sera assimilée *subjectivement* par la personnalité. Si nous sommes dans un état *impersonnel* d'attention *consciente*, elle se fondera dans la Conscience innée de l'ÊTRE. Pour un instant au-delà du temps, un pont relie les deux mondes de l'homme. Un « JE » Essentiel est présent, qui n'est pas le petit Je de la personnalité.

Notre recherche ne doit pas être stérile, ne doit pas nous entraîner dans de vaines spéculations sur l'origine de la vie, son sens, son but, etc., ce qui ne serait qu'errements dans le brouillard des suppositions qui ne mènent à rien. Elle doit être concrète et simultanée dans le corps, le sentiment et l'esprit.

La réalisation peut se faire dans les deux sens : vécue intuitivement, et traduite verbalement plus tard. Ou envisagée analytiquement, logiquement et... vécue, un jour. Entre la réalisation de toute connaissance par expérience directe, et sa formulation en concepts, il peut se passer des années.

Le vécu quotidien est la Voie, au-delà de toute voie. C'est en lui que Tout se manifeste et peut se transcender. En deçà et au-delà de lui, seules existent des images mentales. Nous sommes Cela qui EST, ici et maintenant, et rien d'autre. Un petit îlot de Conscience-Connaissance, émergeant dans un jaillissement incessant d'un océan d'inconscience.

Ici et Maintenant, tel est le nouvel espace-temps où l'irrationnel et le rationnel se rencontrent, où la plénitude et le vide coïncident, le Tout et le Rien vécus dans le hors-temps de l'instant. Je n'en finirais pas d'évoquer les éclairs fulgurants, jaillissant de la rencontre des deux mondes.

L'Homme est le pont entre deux mondes, l'enfant de la terre et du ciel.

« *Il ne faut pas confondre la* VIE *avec la conscience du moi.* »

« *La vie puis la mort de chacun de nous constituent l'un de ces innombrables chaînons qui nous relient à ce premier singe nu, se dressant debout la tête haute, dans la savane africaine, il y a des millions d'années.*

La vie, du plus simple au plus illustre, place chacun de nous dans l'Histoire. »

Jacques RUFFIÉ

La vie est un processus qui ne s'arrête jamais et se poursuit à travers les créatures pour culminer actuellement dans l'homme.

Il existe deux erreurs fondamentales : les matérialistes nient tout phénomène qui ne peut s'appréhender avec les sens et s'étudier scientifiquement et les spiritualistes méprisent la matérialité et s'engluent dans des constructions mentales imaginaires.

En l'homme la Conscience peut apparaître. Elle est une énergie, un pouvoir. En Occident, on accorde la primauté à la pensée, à l'intellect, aux sens, aux émotions, et tout cela appartient à notre psychisme qui est également notre conscient, mais non notre Conscience d'Être.

J'éprouve un refus viscéral à me considérer exclusivement comme l'ensemble de mes capacités de manifestations corporelles, émotionnelles et mentales et même mes aspirations spirituelles. Je ne sais pas ce que je suis, ni qui je suis. Mais je sais que JE SUIS. L'inconcevable ne peut se penser, il ne peut que se vivre...

Travailler sur soi, méditer c'est transférer ses propres expériences psycho-sensorielles sur un niveau intérieur inconnu où les tensions psychiques, les charges affectives provoquent des ruptures d'équilibre dans les échanges physico-chimiques de l'organisme ; et cette action volontaire et consciente est facteur de rénovation et établit un ordre nouveau indispensable à l'épanouissement humain.

À la lumière des découvertes scientifiques récentes en physique, en biologie et dans plusieurs autres disciplines, les concepts de matière, d'énergie, d'espace et de temps se sont profondément transformés. L'homme de science ressent en lui l'obscure exigence de découvrir sa propre unité à travers l'indéfinissable source de toutes choses et de lui-même.

En un présent surchargé d'informations venues du monde entier, la nouveauté, le spectaculaire sont les seuls critères considérés. Nous oublions que le fruit mûrit lentement. Ce goût de l'évasion qui nous précipite sur les routes chaque fin de semaine, à la recherche d'une destination toujours plus éloignée aux vacances prochaines, n'est-il pas l'aveu de notre sensation d'être prisonnier ?

L'accélération de nos appareils de technologie avancée se heurte aux rythmes biologiques de la vie et en menacent l'équilibre. La vitesse est le contraire de la dignité humaine. Un proverbe espagnol dit : « homme pressé, homme humilié ».

Nous savons aujourd'hui, par les derniers travaux des biologistes, qu'une dialectique s'établit entre le cerveau et le corps par une série d'échanges entre les impressions extérieures reçues de l'environnement et les hormones circulant à l'intérieur du corps. C'est ainsi que « vivant » dans tous les niveaux d'intensité de VIE, le corps devient véritablement « porteur » du VERBE. C'est ainsi que l'Homme remplit le rôle qui lui est assigné dans la Création. Ayons l'humilité d'accepter de ne pas comprendre « rationnellement » l'intention de la Création, mais apprenons à reconnaître son langage dans l'Ordre Universel. Les scientifiques et les intellectuels oublient trop souvent que l'ÊTRE total « vit » à travers les hommes, sent, pense, respire, souffre, aime... Chacun de nous n'est qu'un infime fragment de sa VIE.

Le comportement humain peut être analysé par des études sur le fonctionnement du cerveau et de ses échanges chimiques et électriques au niveau des neurones. Mais on ne pourra jamais expliquer le signifiant de la pensée, ni la fulguration de l'intuition. La « connaissance » ne passe pas par l'analyse. Elle est dans l'instantanéité-intensité de la Présence à soi-même.

Au lieu d'être, l'homme existe. Pour ÊTRE, il faut participer *consciemment* à l'action quelle qu'elle soit. Être comme une antenne à l'écoute de sa propre intériorité, à l'écoute de ses propres cellules.

Il faut que s'établisse une césure dans les voies de la recherche de la Connaissance de Soi, qui nous permette de discerner les valeurs essentielles dans la confusion des informations recueillies. La recherche scientifique ne peut conduire seule à la découverte de la Réalité, la recherche philosophique non plus, mais elles peuvent permettre de comprendre le cheminement de la voie qui nous y conduit.

La nature nous montre constamment un dépassement acquis. Les biologistes reconnaissent, depuis quelque temps déjà, deux caractères propres aux espèces vivantes d'une haute complexité cellulaire : l'auto-organisation et l'auto-transcendance. Cela confirme admirablement les conclusions de Pierre Teilhard de Chardin avec ses trois infinis : l'infiniment petit, l'infiniment grand et l'infiniment complexe.

Une race, un peuple, une religion ont un âge, c'est-à-dire une naissance, une période de développement, une décroissance et une mort. Il faut en garder vivant l'esprit et non la lettre. Ils représentent pour nous l'humus dans lequel l'Esprit humain se développe à travers les âges, mais en aucune façon, il ne faut les considérer comme des valeurs immuables à idolâtrer telles qu'elles sont apparues suivant les époques.

Il y a d'abord la race des hommes, elle-même divisée en deux : hommes et femmes.

Dans le déroulement horizontal du temps, des races différentes du point de vue morphologique, couleur de la peau, cheveux, taille, etc., sont apparues et se développent conjointement.

Mais dans chacune de ces races, et à chaque époque, une possibilité de développement « vertical » (ne faisons pas de fixation sur les mots) est possible pour les humains (hommes et femmes) qui ont senti en eux « l'appel » de cette « direction ». Toutes les Traditions, toutes les Religions trouvent en cela leur raison d'exister. Elles sont des « voies » vers un dépassement de l'humain afin de construire l'HOMME.

Une hiérarchie appuyée sur les rapports de forces est une injustice et devient néfaste.

Un nivellement général est également injuste et néfaste.

Une hiérarchie basée sur la valeur d'ÊTRE est seule juste et efficace. Nous en sommes encore très loin.

L'homme comprend un esprit et un corps reliés par une âme. Le corps est un outil animé, mais qui demeure inerte quand l'esprit l'abandonne. L'âme se gagne par l'esprit, selon l'utilisation qu'il fait du corps. Mais il serait plus raisonnable d'écrire le psychisme et non l'âme, en ce qui concerne le simple comportement psychologique.

Parmi les hommes, il y a ceux qui « sont en mouvement » sur la Voie de la Connaissance de Soi, puis ceux qui sont susceptibles de la prendre un jour, et les autres, tous les autres en lesquels ne se lève aucune aspiration à un dépassement de la personnalité.

Notre monde quotidien est un monde dépendant de notre psychisme. Pour l'animal, le psychisme fut son maître, et son développement détermina sa mesure et sa place dans la création. Mais pour l'homme dominé par son psychisme, c'est un esclavage. Le psychisme doit servir l'homme et non l'inverse.

Il en est de même pour la pensée. Elle doit être au service de l'homme et ne doit pas lui imposer ses fantasmes. Pour cela il n'est qu'un seul remède : la prise de conscience par l'homme de son propre esclavage. À partir de cette optique, tout bascule, les châteaux de cartes de nos constructions mentales s'écroulent et un NOUVEL ORDRE apparaît. L'Ordre de l'ÊTRE.

Rien n'est bon ou mauvais. L'énergie est sans intention. Seule son utilisation par l'homme est efficace ou néfaste.

Les événements de notre existence se déroulent séquence après séquence, comme un fleuve d'images mesurant le temps sur une ligne horizontale. Une irrépressible impulsion verticale « peut » à chaque instant du temps la couper dans un mouvement de bas en haut qui attire comme un aimant un mouvement similaire de haut en bas, créant à leur point de rencontre, insituable parce que nulle part et partout à la fois, un autre monde où tous

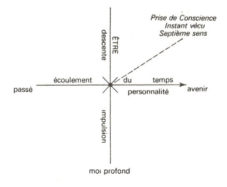

les manques sont comblés, où tous les obstacles sont aplanis, où les adversaires sont des partenaires... et cependant c'est le même monde...

Il n'y a pas de méchanceté. Il y a manque de bonté.

Il n'y a pas intolérance. Il y a manque de tolérance.

Lorsque je vois mon manque, je vois le vide que le mot méchanceté, intolérance, etc., me masquait.

De la même manière, il n'y a pas inattention. Il y a manque d'attention. Lorsque je reconnais mon manque, il disparaît. Il est aussitôt comblé.

La prise de Conscience est la clé de tout changement. Elle est la fusée supersonique qui vous place sur orbite. De multiples navettes sont indispensables sur la voie de la Connaissance. Et cela prendra des années et des années encore. Mais c'est la Loi de l'Être. Elle est rigoureuse et traverse tous les règnes du minéral à l'humain.

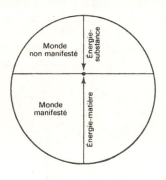

« *L'intelligence du cœur est purement fonction de conscience vécue et innée.* »

R. A. SCHWALLER DE LUBICZ

L'intelligence du cœur est la Raison qui a prépondérance sur l'intelligence cérébrale. C'est l'intelligence de la VIE qui peu à peu pénètre « ma » vie.

Ce n'est pas une notion abstraite, mais au contraire une évidence tangible. C'est la vibration fondamentale qui est le désir d'Être en chacun d'entre nous. Mais immédiatement le mouvement est dévié en désir d'Être ceci ou cela, et alors naît l'enchaînement des désirs qui nous garde en esclavage. Le petit enfant est entièrement désir.

La planète est une immense usine où *s'élabore* la Conscience, au milieu de multiples scories, à travers un athanor diraient les alchimistes, un cyclotron diraient les physiciens, une éprouvette diraient les biologistes. Je dirais plus simplement, à mon modeste niveau, à travers les humains pour faire « l'Homme ».

Je ressens comme une évidence la capacité fabuleuse que l'homme porte en lui, de concevoir le monde qui l'entoure. Je ne peux avancer dans cette « découverte » sans éprouver un sentiment instinctif de respect. Je me sens poussière... et cependant... La phrase de Pascal me revient à l'esprit : « l'homme fragile, misérable à l'excès, et pourtant grand, même dans les ombres de son rêve ».

Ce vécu de l'Être en moi ne dépend d'aucune doctrine, d'aucun système de pensée. IL EST LA VIE. Mystère de l'insondable : un déclic dans ma profondeur... il est là, et sans que rien dans mon environnement ait changé d'un iota, tout est AUTRE... vrai, chaud, lumineux, un zénith du cœur et de l'esprit vécu dans une densité inouïe de réalité.

Aucune dialectique ne pourra jamais rendre compte de ce jaillissement fulgurant de l'ÊTRE qui réduit à néant les fausses notions du moi dualiste, et replaçant ce dernier sur la voie de la prise de conscience de l'intemporel en lui, l'immerge dans la Réalité vivante de son intériorité.

Il faut un contact du corps et de l'âme unis en profondeur, avant de s'éprouver « cellule » du VIVANT. Respirer avec et dans ce Vivant vous ouvre à la merveilleuse floraison d'une puissance créatrice intarissable.

Cette unité du corps et du sentiment, ou cette absence d'unité, s'exprime dans l'attitude de chacun d'entre nous, dans notre façon de marcher, de regarder, de respirer la Vie...

Lorsque l'homme s'éveille dans sa conscience au niveau de ses cellules, il s'éveille aussi au niveau de la conscience de l'humanité, de la totalité des hommes. Un horizon infini apparaît à son regard intérieur et sa petite vie temporelle personnelle prend sa juste place. Une clé vient de lui tomber dans la main, lui révélant LA VIE dans « sa » vie...

Il comprend alors que l'homme est un chaînon indispensable entre deux infinis : l'infiniment grand et l'infiniment petit. Il est lui l'infiniment complexe de Teilhard de Chardin, le creuset où convergent les énergies de tous les niveaux de la Conscience. Peut-être ne puis-je l'exprimer plus clairement, mais c'est ainsi que je le sens dans mon intériorité profonde. La place de l'homme est là, dans la compréhension-vécue de l'instant présent. C'est

une « substance » nouvelle générée par le « ici et maintenant » qui constitue le *pont* au-dessus de l'abîme entre le
monde manifesté et le monde non manifesté. La terre et
le ciel des Écritures.

Mais ce rôle de pont, de lien, nécessite une condition
absolue : que l'ATTENTION de l'homme soit *consciente* et
volontaire. Alors seulement il jouera le rôle de catalyseur
sans lequel rien ne se fera jamais. C'est ce catalyseur qui
transmue les énergies présentes en énergies spirituelle.

Dans l'instant ultime de l'éveil, et chaque fois c'est à
nouveau l'instant ultime, les valeurs spatio-temporelles
de notre monde quotidien se réduisent à des formes
d'expression sans contenu intérieur vécu. Nous apprenons ainsi par expérience le principe de la relativité de la
Vie.

Le travail sur soi afin de poursuivre la quête de la
connaissance suscite chez tous, selon les efforts de
chacun, des capacités nouvelles : aptitudes intellectuelles, artistiques, musicales, etc. Le sens du sacré (dénué
de toute adhésion à une forme de croyance institutionna-
lisée) est une dilatation sentie dans la poitrine comme une
amplitude en profondeur. On ne se libère pas de la vie.
C'est la VIE qui se libère en nous.

Apprenons à vivre à l'écoute intérieure de l'Essentiel.
Un jour, une clarté, une évidence qui ne dépend
d'aucune croyance, d'aucun système, d'aucune doctrine
nous pénétrera, nous décrochant de notre personnage
psychologique qui nous retient en esclavage. Nous
connaîtrons alors la paix de l'esprit et du cœur.

> « *De tout ce monde fugitif nous devrions penser :*
> *Une étoile à l'aube, une bulle d'air dans une*
> *rivière,*
> *Un éclair dans un nuage d'été,*
> *La lueur vacillante d'une lampe, un fantôme et*
> *un rêve.* »

> *Prajnaparamita*

Lorsqu'un homme meurt *consciemment*, c'est-à-dire qu'il demeure lucide à l'instant de la séparation de son principe conscient et de son corps, il assigne lui-même une fin à son « histoire humaine ». On peut dire qu'il s'éveille du rêve de son existence, dont le début et le terme figureront sur les registres d'état civil du monde « des hommes-cellules-humanité ».

Il y a plusieurs années déjà, je fis une expérience exceptionnelle que j'ai relatée brièvement dans mon livre *La Conscience d'Être, Ici et Maintenant*. En réalité il me fallut un long travail d'assimilation avant d'en réaliser le sens profond.

Je pèse chaque mot, car pour moi il traduit un fait aussi réel que la chaleur d'un rayon de soleil sur la main. Les mots représentent la connaissance théorique, la chaleur sur la main « est » la connaissance intérieure directe. En voici le récit :

À l'hôtel de ville, alors que je prononçais quelques mots de remerciement à l'adresse du maire et en présence d'une soixantaine de personnalités du département, je ressentis soudain un intense fourmillement dans la plante des pieds, qui gagna en quelques instants mes jambes, mes cuisses, mon ventre, bref mon corps tout entier, sans que j'interrompe mes propos. J'éprouvais l'impression tout à fait inconnue que mon organisme se désagrégeait, comme si ses cellules, n'obéissant plus à un axe centralisateur, « partaient à l'aventure ».

Une partie de moi parlait très calmement, tandis qu'une autre, la véritable sans nul doute, comprenait que son existence se terminait, sans doute par une rupture de vaisseau au cœur ou au cerveau. « Je » sortis par le haut du crâne de mon corps qui s'affaissa dans les bras du maire subitement. Non seulement la conscience d'Être bien vivante ne disparut pas, mais elle s'amplifia sans limite. J'étais intégrée à la VIE, en tout, partout. Le sens de la séparation n'existait plus. La VIE était celle de la Planète, SON Intelligence, SA Conscience. TOUT était dans TOUT...

Je vivais un étonnement d'évidence dans une lucidité que je peux résumer par ces mots : « C'est donc aussi simple que cela. »

Et dans une sorte de geste intraduisible de « rattrapage », je fus de nouveau présente dans mon corps et j'ouvris les yeux.

Pour mon entourage, ce fut un malaise, un évanouissement que je ne démentis pas. Mais pour moi ce fut un élément précis et nouveau qui me fit entrer dans un état de conscience, auquel je m'habituai peu à peu. Il m'apportait des richesses de savoirs insoupçonnés, mais il m'imposait de ce fait des devoirs et des responsabilités nouvelles. Je n'y faillirai pas.

Chaque fois que nous « prenons de la distance » avec notre personnalité, que nous « décollons » derrière notre front, nous créons un espace intérieur dans lequel apparaît instantanément une attention consciente qui VOIT, sans image, sans mot, dès lors qu'elle n'est plus prisonnière de notre pesant bagage d'opinions, de préjugés, d'images mentales du monde et de nous-même.

Chaque fois que j'ai pu abandonner quelques instants mon petit personnage prétentieux avec ses désirs, ses craintes, ses intérêts psychologiques, je suis devenue, en toute conscience, l'instrument de « quelque chose » qui s'exprimait à travers moi.

Il faut comprendre que notre identification à notre corps et à notre psychisme crée notre réalité quotidienne. Nous nous enfermons ainsi dans un espace clos peuplé de nos images mentales qui nous isole des autres et renforce notre solitude.

Nous devons travailler sur nous-même, à contre-courant de notre mécanicité habituelle, jusqu'à n'être plus qu'un espace « ouvert », accueillant l'autre... tous les autres.

Cet espace porte un nom. Il s'appelle : AMOUR.

Il est la fleur semée dans le jardin de notre cœur. En lui seul, il peut fleurir et rayonner sur le monde. La transformation du monde passe par la transformation de chaque homme en lui-même. Mais à partir de quelques centaines d'unités, elle ne se calcule plus en termes d'additions, voire de multiplications. Un dynamisme exponentiel s'empare du processus et continue l'œuvre amorcée.

Il est en tout être humain un lieu étrange et mysté-rieux, tant de fois entrevu lors d'une catastrophe, tant de fois délaissé pour le plaisir et l'ambition stérile. En ce lieu habite la PRÉSENCE, la seule, l'unique, l'ÊTRE du monde...

Une attention sans intention

> *« Mourez en pensée chaque matin et vous ne craindrez plus de mourir. »*
>
> *Hagkure* (traité japonais du XIIIe)

Je n'oppose pas la mort à la vie. Je l'oppose à la naissance. Seule est la VIE. La naissance et la mort sont deux moments de la vie. Entre ces deux pôles, il y a l'existence humaine.

À un disciple demandant à son Maître :

— Qu'adviendra-t-il de moi après ma mort ?

Le Maître répondit :

— C'est comme si tu me demandais ce que devient mon poing, lorsque ma main est ouverte.

Le sommeil incoercible qui nous enferme dans l'état crépusculaire où règnent nos habitudes de réactions, nos automatismes émotionnels et verbaux nous séparent de la réalité de notre ÊTRE.

Tout ce qui est né doit mourir. C'est une loi de la nature. La VIE est « non née ». Elle EST… Notre corps, et l'organisation psycho-mentale qui se développe en lui, mourra, c'est-à-dire cessera d'être ce complexe qu'on appelle un humain. Chaque parcelle retournera à son origine pour participer à un nouveau complexe humain en formation. La Vie est une perpétuelle émergence qui détruit les formes qu'elle a édifiées, pour les restructurer en des formes nouvelles. Ainsi vont les cellules de notre corps qui se renouvellent constamment au cours de notre existence, sans que nous en soyons conscients. On peut en conclure que la Vie et la Mort sont inlassablement à l'œuvre en nous.

Parler de la mort me contraint à parler de la Vie qui a sa source dans l'ordre du monde. Nous nous faisons une image mentale de la mort et nous affabulons sur elle. Cessons de nous complaire dans cette fantasmagorie qui nous interdit une saine observation du phénomène. La mort est la désagrégation de la structure physique et psycho-mentale qui manifestait l'Être. Mais sommes-nous cette structure ? Ou plus exactement, sommes-nous *seulement* cette structure ?

Lorsque notre corps meurt, nous disons : « Je meurs. » Fermez les yeux, recueillez-vous et posez-vous intensément la question : « QUI meurt ? »

Le corps, sans nul doute. C'est-à-dire qu'il n'existe plus de mouvement, de chaleur interne, de sensations, de pensées. Mais lorsque je me tiens immobile et silencieuse, ne m'identifiant plus à mes pensées, à mes émotions, à mes sensations, n'est-ce pas à cet instant qu'apparaît à la frange ultime de mon intériorité « ce » quelque chose en moi de solide, de constant, d'indéfinissable, qui contient et anime à la fois mon corps et mon esprit : la VIE ? La grande Vie Universelle, source et origine de tous les corps, de toutes les âmes et les esprits humains.

C'est à ce point du monde, dans l'intervalle de silence entre deux perceptions que toute véritable rencontre a lieu, et à cet instant, il n'est pas question de mort. Il n'y a plus de place pour elle. Elle est une construction du mental.

Je sais que je tente d'exprimer l'inexprimable lorsque je dis : « Le moment le plus important de la Vie est l'instant de la mort. »

Telle est cependant ma conviction profonde. Elle a pris

racine en moi parce qu'elle correspond pour moi à quelque chose de primordial. Quand le contenu de cette idée m'a traversée pour la première fois, mon cœur lui a donné son assentiment intuitif. Plus j'avance dans mon travail intérieur, plus ma conviction se transforme en certitude.

Dépourvue de formation universitaire académique, je sais que je vais susciter pas mal de réactions d'ironie et de scepticisme. Je ne prétend pas être objective et énoncer des vérités éternelles. Ce livre est le témoignage de ma propre expérience de la recherche de la Connaissance de Soi qui est la connaissance de la vie. Il y a une attitude d'authenticité, de confiance, d'amour des autres qui me permettra toujours de communiquer et, devrais-je dire, de communier avec tous ceux qui se sentiront en accord d'identité avec moi. Séparés par le temps et l'espace, ils savent que nous ne faisons qu'un.

Je pense vraiment que notre époque, qui peut s'étendre sur une très longue période de temps, est une charnière pour la prise de conscience de l'homme par l'homme et pour la compréhension que la mort est le moment où la vie transforme sa propre manifestation, quittant un corps comme le pied quitte le sol pour faire un nouveau pas, ne laissant que l'empreinte de son passage.

Je crois en l'incarnation « incessante » de la Vie dans des organismes qui se renouvellent. A-t-on jamais vu une vie sans corps ? un corps sans vie n'a plus de durée. Je crois surtout à la vie de l'homme biologiquement, physiquement, psychiquement, mentalement depuis son apparition sur la planète à travers tous les hommes de tous les continents et de toutes les races. Je crois à la « vie humaine » dans sa totalité, comme je crois à la « vie minérale », la « vie végétale », la « vie animale », à travers toutes les formes qu'elles manifestent.

Mon sentiment profond est que la vie anime les corps et s'en retire lorsqu'ils ne sont plus en état de la manifester. Elle naît sans cesse dans des corps nouveaux. Elle est transformée, mais non détruite. Le courant électrique ne disparaît pas lorsque l'ampoule brûlée ne peut le recevoir.

Je pense néanmoins que ces propensions, ces tendances, ces courants de pensées et de sentiments, ces désirs sont constamment maintenus vivants par leurs manifestations dans un perpétuel flux d'images, d'impressions, d'incitations agissant simultanément dans de nombreux organismes et déterminant ce qu'on appelle : la vie humaine.

Ainsi, en chaque homme la Vie fait l'expérience de la haine, de la peur, de l'angoisse, de la joie, de l'indifférence, de l'ambition et parfois de l'amour. Chaque expérience est un fragment de l'expérience globale à laquelle elle appartient. Mais en chaque homme existe virtuellement l'expérience totale.

Chaque créature humaine est une cellule de l'Homme cosmique à l'image des cellules de notre corps. Il est notre univers, notre Dieu. Faisons-lui totalement confiance, ouvrons notre cœur à la lumière qu'il nous dispense dans la méditation, la prière, l'ascèse spirituelle... Ce sont les sentiers plus ou moins abrupts qui nous conduisent à Sa Rencontre.

Il y a une réalité : c'est que la Vie est en nous et nous en sommes comptables. Permettons-lui de s'épanouir, de rayonner, de nous fondre en elle, afin que lorsqu'elle se retirera de notre corps usé, abandonnant sans regret ce qui fut notre travesti terrestre, une évidence s'impose dans l'« espace-temps éclaté » de l'instant du trépas : « Je ne peux pas mourir, JE SUIS LA VIE. »

> *« Vivre dans la réalité de l'esprit*
> *Se tenir le plus près possible*
> *du point où les pensées se forment.*
> *Assister à leur éclosion.*
>
> *Nous sommes déjà dans le pays*
> *Où l'on n'arrive jamais.*
> *Mais nous bivouaquons aux frontières. »*
>
> Roger QUESNOY [1]

Je ne me souviens plus quel philosophe chinois a dit : « Nous vivons dans le ciel et la terre comme dans notre maison. » Il attribuait également à la nature une puissance de guérison si l'on était assez simple pour s'ouvrir à elle.

Se promenant dans une forêt, ou gravissant un sentier de montagne, qui n'a ressenti en lui toute la spontanéité et la candeur de son enfance ?

Les pics rocheux, les arbres silencieux, la douceur de la nuit répandant l'odeur amère des bruyères sur la vallée endormie possèdent une vertu spéciale pour guérir les maladies de l'esprit, et la première d'entre elles : l'ambition démesurée du moi psychologique.

Se sentir intégré dans la grande nature guérit inévitablement l'homme de sa mégalomanie. Les couleurs, les sons, les parfums et les saveurs qu'elle nous dispense avec une prodigalité incessante se révèlent à nous dans un accord parfait qui nous « remet à notre véritable place ».

---

1. *Le monde commence à chaque instant*, Cahiers Froissard (expressions poétiques), Valenciennes.

Nous oublions toujours combien nous sommes petits et futiles.

Imbus de notre savoir et de nos techniques perfectionnées dont nous sommes si fiers, nous oublions l'immensité des océans, l'énormité des montagnes, la puissance de la foudre et la fabuleuse énergie du vent. Il faut que la nature nous adresse par ses douloureux avertissements, raz de marée, éruption de volcans, sécheresse, inondation, etc., le signe originel de notre erreur fondamentale, qui nous fait placer l'homme axe de la création.

Il est urgent de retrouver une certaine sagesse qui donne la primauté au développement de la vie personnelle de l'individu. Méfions-nous de la rigueur dialectique à laquelle nous attachons tant de prix. Le facteur humain qu'elle méconnaît habituellement est cependant déterminant dans le détournement des théories, le bouleversement des prévisions et se révèle la cause de bien des erreurs politiques qui conduisirent à des désastres dans le passé des nations.

L'épanouissement de ce que je nomme provisoirement le septième sens est indissociable d'une certaine attitude de spontanéité dans toutes nos manifestations humaines, créant ainsi un accord entre notre humeur et l'humeur ambiante.

Tout changement de comportement dans les désirs, dans les humeurs, les émotions, engendre des pensées, des gestes, des paroles, des actions, dont chacun est comme les petites roues dentées d'un mécanisme d'horlogerie. Elles s'enclenchent inexorablement, créant un mouvement automatique dont nous sommes l'esclave inconscient.

La Vie, la Conscience, l'Amour sont des Valeurs universelles latentes au niveau humain, qui réclament notre ATTENTION pour s'actualiser en se libérant de la complexité de nos mouvances psychologiques. J'aime ces mots de Roger Quesnoy :

> « Il y a quelque chose
> et on l'atteint parfois par des riens,
> des insignifiants considérables. »

C'est au cœur de la solitude intérieure que se révèle une communion ultime dans la PRÉSENCE, qui prend ainsi une signification et une valeur universelles, dépassant nos concepts d'espace et de temps. Une longue route nous sépare de la simplicité originelle et nous nous agitons à travers la fausse clarté des apparences. Corps et esprit, énergie et matière sont inextricablement imbriqués selon des proportions différentes, mais toujours ensemble et correspondent à une indicible réalité qui inclut tout le « Vivant » auquel je me sens « intégrée » inéluctablement. *Ma subjectivité seule* me sépare des autres. Par le septième sens, je m'en éloigne, je prends de la distance, je ne suis plus mon petit personnage. Derrière l'unité insécable de la Vie qui agit à travers les formes qu'elle anime, apparaît la permanence de l'ÊTRE.

Les différents plans de l'Être sont universels et indépendants de notre intelligence humaine qui les voit subjectivement, selon son niveau de conscience. La Réalité est unique, sa traduction en concepts est multiple et dépend fondamentalement de la programmation culturelle de l'homme.

Notre corps composé de milliards de cellules est poreux et à travers notre peau, nos sens, nous recevons constamment des impressions de notre environnement dans lequel nous baignons comme les algues dans l'océan.

Nous devons nous « ouvrir » pour accéder à une dimension supérieure de l'Être et être comblés par la révélation qu'elle apporte et qui sera différente, suivant la coloration de notre sensibilité. Le critère de « l'ascension » sera toujours un surcroît d'intensité dans l'instantanéité. Toute une vie donnée dans une seconde !... Je pense à ces mots du Grand Sage Aurobindo : « Un éternel instant est la cause des années. »

Ce que nous appelons la réalité est une construction mentale. Lorsque je « vois » cela, je m'en détache. Sans qu'elle disparaisse, je n'y participe plus, et paradoxalement, je ressens une dilatation dans tout le corps, ma respiration se fait à la fois ample et légère. J'existe dans toutes mes cellules auxquelles j'ai l'impression de « donner » vie. Des perceptions nouvelles apparaissent en de brefs éclairs créateurs de significations nouvelles, envahissant mon conscient comme la rosée du matin descend sur la prairie.

Il faut que certaines organisations de cellules apparaissent pour que les conditions physiques, biologiques et électro-chimiques de la Vie se manifestent. Nous en sommes tous convaincus. L'espace-temps nouveau, au-delà de celui que nous connaissons, EST l'instantanéité-intensité, véhicule de la PRÉSENCE. C'est en ELLE que chaque créature vit un fragment d'Éternité. Éternité qui « sous-tend » toute durée.

Pour « vivre » de tels instants, il nous faut faire le saut dans un autre univers, comme le poisson qui s'élance hors de la rivière découvre dans un éclair un monde non liquide auquel il ne peut s'adapter. Cependant, dans le monde des poissons, il est devenu le héros platonicien du mythe de la Caverne.

Lorsque nous regardons le monde avec nos sens éveillés, il est une représentation sensorielle de formes, de couleurs, de sons, de parfums, etc. Par la sensation de chaleur, d'humidité, de poids, il est physiquement concret.

Si nous le regardons à travers nos idées, nos rêveries, il est mental.

Si notre regard est celui de la Conscience, il est VOIR.

Tout se résout selon CELA qui VOIT. Tout ce qui est perçu apparaît et disparaît dans la Conscience au-delà du temps qui EST Présence, ÊTRE. Vivre totalement « JE SUIS ». Quelle découverte ! Je ne pense pas : je suis. Je vis : « JE SUIS. » Certes, *je peux penser, agir*. Mais l'ultime témoignage, la fabuleuse découverte est « JE SUIS ». C'est le soleil à minuit. C'est toute la gamme des possibles offerte dans l'instant. C'est à la fois la source, le cheminement et l'ineffable intégration dans le TOUT qui est en TOUT.

> « *Ce n'est que lors du grand réveil qu'on sait que*
> *Tout n'a été qu'un grand rêve.* »

CHOUANG TSEU

Au bout du fil une voix répond à mon appel :

— Allô, mamie ?

Sophie tout entière contenue dans ces quatre syllabes jaillit souple et lisse comme de la soie le long de sa voix claire qui s'ouvre vers le haut comme le bleu du ciel.

La voix « vivante » contient tout. Elle condense l'Être en un son qui chante les mots, les fait rire ou pleurer. Trop souvent aujourd'hui, la parole n'est pas sentie, mais jetée sans suite, parlée sans âme. La Vie dans la voix humaine relie pour un instant la terre et le ciel, fait éclater des étincelles de lumière qui vibrent au bord de l'existence matérielle. La voix nourrit l'âme, la réchauffe, car elle est manifestation de la présence des autres en tant qu'êtres humains.

Si l'on est attentif, sans à priori, sans intention, votre interlocuteur au téléphone se livre totalement à votre écoute « impartiale ». Peu importe les mots échangés, tout est contenu dans la vibration subtile habillée d'into-nation. Mais pour la déceler sans erreur, elle réclame une attention immobile qui ne porte aucun jugement de valeur. C'est ainsi que le téléphone peut être le « lieu de rencontre » de deux âmes, plus sûrement, et plus intimement qu'une rencontre physique.

À travers la voix de Sophie, j'apprends ses projets, ses doutes, ses espoirs, ses déceptions, et en filigrane son jardin secret : le langage de ses mains dans le dessin, la peinture, la sculpture. Merveilleux domaine où elle se retrouve œuvrant, agissant, donnant sa mesure. Où cela commence-t-il en elle ? Où cela finit-il ? Qu'importe, c'est elle qui est concernée, là est son effort simultanément pauvre et efficace pour épeler le monde dans son propre langage et répondre à l'appel de son ÊTRE.

La VIE est présente en nous par le « Souffle ». Il va bien au-delà du simple mouvement contraction-expansion de la respiration. Il est simultanément physique, psychique et mental. Pour ceux qui acceptent de « s'ouvrir » à lui, il est également spirituel, englobant toutes les dimensions de la Conscience.

Apprenons à percevoir le Souffle de la VIE dans nos os qui sont minéraux, dans nos tissus qui sont végétaux, dans nos organes qui sont animaux et dans notre cerveau qui est humain.

La VIE s'éveille dans l'homme et se reconnaît dans l'ÊTRE qui est le TOUT et TOUTES CHOSES. La VIE est CONSCIENCE, INTELLIGENCE, AMOUR.

La Révélation est expérience de CELA.

Tous les événements de l'existence sont des niveaux de rêve qui conduisent, souvent douloureusement, à l'ÉVEIL de l'Homme dans la Conscience de sa propre nature, LA CONSCIENCE UNIVERSELLE.

— Ma Quête ?

— Des Ténèbres à LA LUMIÈRE.

De LA VIE à LA VIE en passant par « ma vie ».

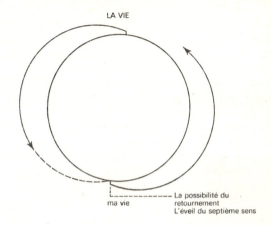

LA VIE

La possibilité du
retournement
ma vie   L'éveil du septième sens

Mystérieuse échelle de Jacob, qui monte et descend éternellement, reliant le Verbe à la chair... l'habillant de chair... tissant par les différents rythmes de son mouvement cosmique l'étoffe de l'Univers !

> « *Toutes les particules peuvent se transformer en d'autres particules. Elles peuvent être produites à partir de l'Énergie et retourner à l'état d'Énergie. Elles ne sont plus considérées comme constituées d'une quelconque matière fondamentale mais comme des faisceaux d'énergie.* »
>
> Fritjof CAPRA

Je me dois d'évoquer une vérité trop méconnue qui me tient à cœur : on considère le vieillissement, qui arrive forcément avec l'écoulement du temps, comme une sorte de catastrophe. On le cache, on le dissimule sous des artifices, comme s'il représentait quelque chose d'inconvenant, une sorte de maladie honteuse que l'on cache au regard.

Quelle incompréhension ! Quelle erreur ! Il est l'âge béni des moissons qui vient avec l'apaisement des impétuosités de la chair, des désirs insensés de l'ambition psychologique qui nous maintenaient en perpétuel état de conflit avec les autres et avec nous-mêmes.

Il est une délivrance de l'esclavage inconscient que nous nous imposions. Une seule condition est requise, mais elle bouleverse toutes les données de notre comportement ; il nous faut *accueillir* ce qui nous fait tellement peur : la vieillesse.

Et si nous savons faire face à cette situation, que d'ailleurs nous ne pouvons éviter, nous comprenons très rapidement qu'il s'agit d'un déclin des forces physiques, avec ce qu'elles entraînent d'effets secondaires sur le psychisme, surtout ce que j'appelle : la petite mémoire, celle des noms, des dates, etc., celle qui est consignée aujourd'hui dans des annuaires, des registres, des logiciels d'ordinateurs. Mais l'autre mémoire, celle du « vécu » de l'Être, est au contraire amplifiée. L'énergie mécanique qui animait le corps a faibli, mais une autre énergie plus subtile, indéfinissable en concepts émerge de ce support vieillissant.

Une énergie qui VOIT naître les images, les mots, les concepts... les « voit » sans se soucier de ce qu'ils représentent, demeurant totalement étrangère à leur déroulement, ainsi qu'à la signification des sons qui frappent l'oreille.

Une énergie qui est observation silencieuse sans choix, sans option, sans jugement... l'énergie de l'ÊTRE.

À cet instant, nous ne sommes plus soumis à la programmation de notre mental personnel. Nous sommes la CONSCIENCE qui n'est pas une entité, mais une énergie-connaissance qui connaît au-delà de tout commencement, comme de toute fin, lesquels ne sont que des modalités appartenant à notre continuum espace-temps familier.

La Conscience est le « révélateur » de l'existence dont elle est indépendante, comme la lampe-torche vous révèle l'existence de votre environnement. Toutes les dimensions de la Conscience sont des niveaux d'énergie. L'ÊTRE est en amont de toute image puisqu'il en est la source. L'ÊTRE est la VIE qui ne naît pas, qui ne meurt pas, seule l'existence des créatures commence et se termine.

Nous devons nous disjoindre, nous dissocier des circonstances créant les événements dans lesquels nous sommes engagés pour VOIR, c'est-à-dire prendre conscience de notre position exacte, en cessant de nous identifier avec le personnage psycho-somatique qui nous représente. En vérité, Je ne sais pas ce que je suis, mais je sais que JE SUIS.

Le grand livre de la nature nous enseigne la patience, la persévérance inscrites dans les cycles de chaque période de son renouvellement, ainsi que les myriades de grains de pollen transportés par le vent et qui ne trouveront jamais le stigmate de la fleur indispensable à la germination. Cependant un certain nombre d'entre eux assureront l'équilibre écologique indispensable.

Je pense au nombre infini de mots, de phrases, de concepts véhiculés dans des milliers de livres, parlés dans des conférences, des séminaires, des cours, et cela dans toutes les langues de la planète, afin de nous ouvrir à une perception nouvelle, indépendante de notre système de coordonnées sensorielles et de notre logique intellectuelle.

Pour vous entretenir de cette découverte qui est le comble de la simplicité, je n'aurai pas écrit moins de trois livres en neuf années, avec le souci constant de donner le mot « juste », celui qui ouvre une brèche dans la bulle du conditionnement mental et pénètre jusque dans l'intériorité profonde du lecteur. Mon vœu le plus ardent est que l'Espérance et l'Amour qui ont inspiré ces lignes l'aident à découvrir en lui la VIE qui s'éveille à des rythmes nouveaux.

> « *Refuser d'instruire un homme qui est capable d'apprendre, c'est perdre un homme ; instruire celui qui est incapable d'apprendre, c'est perdre son temps et ses mots.* »
>
> KOJSHEI

Je viens de voir à la télévision un excellent film de Frédéric Rossif sur la vie dans la forêt tropicale et l'interdépendance des espèces, chaque catégorie de créatures se nourrissant d'une autre catégorie. La désagrégation du vivant est la condition permanente du maintien d'autres vies. Cela est la loi impitoyable et féroce garantissant l'essence même de la transmission de la VIE. Tout se nourrit de tout.

La forêt est vivante dans ses troncs tapissés de mousse et entourés de fougères géantes, dans ses papillons multicolores, de ses insectes qu'on devine sous le tapis des lichens et des fibres d'écorces qui se décomposent. La vie et la mort s'enchevêtrent dans un bruissement anonyme imprégné des puissantes essences des milliers d'arbres.

Tout un peuple mystérieux de champignons, de vers, d'insectes fabuleux se dévorent dans une obscurité verdâtre. Je demeure confondue, sans voix devant la splendeur et l'horreur inextricablement enlacées dans ces ténébreuses cryptes végétales...

Parmi les myriades de créatures qui existent sur notre

planète, seul l'homme a la capacité de prendre conscience
de lui et du monde qui l'entoure. Il peut s'interroger sur
le sens de sa vie, de l'univers, penser, parler, croire ou
nier Dieu... prier...

Il peut se demander ce qui est essentiel en lui : le
personnage de chair et de sang dont le miroir lui renvoie
l'image, ou l'énergie-vie-conscience qui pense, parle et
agit en son nom ?

Naturellement, c'est l'énergie invisible qui le meut et
sans laquelle son corps ne serait qu'un cadavre. C'est à
elle que depuis cinquante ans je voue mes expériences de
séparation entre le principe conscient et le corps. Ce sont
elles qui transformèrent ma certitude d'être une personne
séparée des autres personnes en ÉVIDENCE de la non-
séparation des êtres et des choses.

Ce que j'appelle pour moi-même la méditation est cet
état d'attention vigilante, libérée des automatismes verbaux, auquel on accède dans les instants privilégiés du
recueillement, mais aussi d'une façon abrupte dans le
vécu de la vie quotidienne, lorsqu'on est présent au
présent.

Le vécu est une connaissance à trois dimensions, par
rapport au savoir, qui est une connaissance intellectuelle
linéaire. On peut dire que le vécu est perçu dans un
mouvement vertical instantané, alors que le savoir logique, rationnel se développe dans un mouvement horizontal qui engendre la durée.

Lorsque nous nous trouvons dans un état de neutralité
mentale, émotionnelle et sensorielle absolue, c'est-à-dire
dans une lucidité totale, il y a coïncidence entre les deux
mouvements qui éveille le septième sens, et une énergie
nouvelle apparaît. Elle n'a plus de centre, de périphérie,
de limites : c'est une *Conscience-Présence* et c'est elle qui
agit à travers nos pensées, nos paroles, nos gestes...

Il est très rare de ne pas vivre cette expérience au moins
une fois au cours de notre vie... à l'instant d'un danger
pour soi-même ou pour un être cher... on fait le geste qui

sauve... en conduisant sa voiture... à l'occasion d'un incendie... d'une noyade... Que sais-je encore ?

On est étonné de l'avoir fait. On ajoute même : « Je n'ai pas eu le temps d'y penser », sans comprendre que c'est justement parce qu'on ne l'a pas pensé que le geste fut efficace. Et si l'on pousse plus loin l'observation, on s'aperçoit qu'on n'a pas eu peur non plus, après seulement...

Vous voyez le processus : la machinerie cérébrale et le déclenchement émotionnel étaient stoppés. C'est la conscience fonctionnelle qui agissait, et cela dans SON TEMPS à elle : l'instantanéité... J'ai mis des années pour comprendre son fonctionnement. Je vais vous conter mon premier contact conscient avec elle :

Il y a de cela plusieurs décennies, je me trouvais dans une charcuterie et je demandais des côtelettes de porc. Je tenais par la main mon petit-fils qui avait quatre ans.

Lorsque la vendeuse abaissa son couperet pour séparer les côtelettes, brusquement l'enfant posa sa main droite sur elles... Je vis la main... et sans ressentir aucune émotion ni précipitation, tout naturellement je la retirai... le couperet s'abattit tranchant l'os, tandis que la vendeuse fut prise d'un malaise et répétait :

« J'ai vu la main du petit, puis la vôtre, madame, j'ai cru que j'allais les couper toutes les deux... c'est affreux. »

Afin de rester dans le vraisemblable, je dus affirmer que j'avais eu très peur, alors qu'il n'en était rien, mais intérieurement je vivais une sorte de décalage entre mes sens et ma raison.

Combien de fois chez moi ai-je tenté de renouveler le geste de glisser ma main droite, pendant que j'abaissais l'autre main. Jamais je ne réussis à éviter l'impact... Que s'était-il donc passé ?

Ce fut un très bon aiguillon pour ma recherche. Naturellement, j'aurais pu me contenter d'attribuer ce miracle à une protection divine... ou à celle d'un être cher disparu, ou encore à une intervention surnaturelle... mais depuis longtemps j'avais fait mienne l'affirmation d'Aurobindo : « Le surnaturel est un naturel dont nous n'avons pas encore l'explication. »

Je sais aujourd'hui par expérience qu'une énergie d'une autre puissance, d'une autre nature que celle qui nous anime habituellement, peut agir à travers notre organisme physique, émotionnel et mental s'il n'y a pas d'interférence de notre psychisme. Je me permets d'insister, nous sommes devant un FAIT, non une idée. Un pouvoir inconnu intervient bouleversant la logique établie. Et ce pouvoir, cette énergie intelligente n'est pas à notre disposition.

Suivant que nous sommes plus ou moins axés nous-même sur l'intellect, ou le sentiment, ou l'action, suivant notre formation scientifique ou artistique ou mystique, nous allons donner un nom à cette « chose » inconnue, qui cependant est toujours là, prête à se manifester lorsque certaines conditions de fonctionnement de notre organisme physique, psychique et mental sont remplies. Mais ces conditions, nous ne les connaissons pas ou nous les connaissons mal.

Certains diront : Dieu... le Divin... le Sacré... Christ... l'Éternel... l'énergie cosmique... l'Ordre Universel... Que sais-je encore ? Or il faut comprendre qu'il s'agit du même phénomène... seule diffère la traduction, suivant la coloration de notre personnalité.

Nous faisons toujours l'erreur de chercher à résoudre tous les problèmes cérébralement. Lorsqu'il se pose un problème d'ordre intellectuel, c'est normal. Mais tout à fait inefficace dans les autres cas. Il nous faut pour cela éveiller la conscience correspondante, c'est-à-dire en éprouver la perception. La première condition qui s'impose est le silence intérieur.

Le silence intérieur est la Source de l'élan vital émanant directement de la plénitude de l'ÊTRE.

« Pourquoi la Vie ?
Pourquoi Père as-tu donné la vie ?
Nul vivant, Père, ne la demande avant l'Homme ? »

Pierre EMMANUEL, *Le Grand Œuvre*

Il est trois heures du matin, je suis éveillée et j'éprouve l'étrange sensation d'être entourée de présences douces et amicales. À travers une brume diaphane, des visages apparaissent, prennent consistance devant mon regard intérieur... Claude, le spécialiste des gouffres... Cybèle, l'artiste au fond de son Cantal ancestral... Nicole, Alain, mes amis très chers, Françoise au bout du monde à Honolulu, Rose-Marie dans son lointain Canada et vous tous mes merveilleux compagnons de ma recherche. Vous avez entendu l'appel du pays sans nom, et délaissant les allées fleuries du rêve, vous avez choisi le chemin de la longue patience.

Le temps des hommes n'est pas le temps de l'HOMME planétaire, dont ils sont les cellules. À cette heure de la nuit, alors que le froid de décembre s'étend sur la terre durcie par le gel, une étreinte irrésistiblement vivante unit la terre et le ciel, et je suis au centre d'une joie sans limite. La rue Saint-Dominique voisine avec les îles Hawaii dans le Pacifique, et Advitaberg en Scandinavie.

Que signifie la séparation ? Un ami très cher, occupant une haute charge spirituelle, m'écrivit un jour : « Les âmes sont unies à jamais sans possibilité de séparation. Dieu est leur ciment. »

J'ai soudain la « révélation » d'une forme de vie constamment en contact avec nous, créatures humaines. Je la « reconnais », c'est une énergie *vivante* qui me pénètre et transforme mon état intérieur, en même temps qu'elle communique une intensité vitale à mon corps en se diluant. En cet instant, « Je Suis » ce que j'ai la capacité de « vivre ». Penser se trouve à l'étage au-dessous.

Puis-je ajouter que ce n'est pas une image poétique, mais une sensation précise que les mots Joie, Paix, Amour tentent en vain d'exprimer s'ils ne s'accompagnent de leur poids de « vécu » dans la chair et dans le sang. Ce courant « sous-jacent » sous-tend toutes mes manifestations. Il est la Réalité de mon Être ; mon existence est la mélodie écrite en arabesques sur la partition d'espace et de temps qui lui est assignée.

Durant plus de vingt années, je me suis évertuée à sortir de mon corps, pour expérimenter « au-delà » de lui. C'est l'inanité et l'inefficacité ultérieures de ces essais qui me révélèrent la véritable démarche à accomplir. Le papillon se « fait » *dans* le corps de la chenille, non au-dehors. Lorsqu'il sort, il a ses ailes et ses mécanismes correspondants.

Un poisson ne peut vivre en dehors de l'eau avec ses seules branchies.

Tout se passe en sens inverse de notre vie familière. Notre corps est la matrice du septième sens support de la Présence de l'Être, comme la chenille est la matrice du papillon.

Habituellement, je pense avant d'agir. Je me réfère toujours à quelque chose de tangible, une mémoire chargée de significations. À l'inverse, dans les instants exceptionnels où la Présence m'habite, j'agis simplement, naturellement, sans pensée préalable. Et chaque fois le résultat est efficace et « ne pourrait pas être autre ».

Penser et agir sont confondus. Je ne pense pas à l'avance ce que je dois faire, mais à l'instant même, je sais « ce que je ne dois pas faire ».

C'est vraiment une constante de cette nouvelle manière d'être là. Comme la seule façon véritable de « s'extérioriser » réside dans le fait d'être totalement et lucidement présente dans son corps et son psychisme. Il ne faut pas de rupture entre le support organique des différentes dimensions. Sinon nous serions à la merci des sortilèges de la forêt mentale, aussi démunis qu'un enfant errant la nuit dans une cité étrangère.

Nous avons tant à apprendre sur nous-même avant de nous quitter. Nous sommes des infirmes privés d'une immense partie de notre sensorialité, laissée en jachère par le développement de notre intellect. Mais nous l'ignorons. Comme d'ailleurs nous ignorons la pulsation de la vie qui nous anime à chaque instant de notre temps, et nous fait être ce que nous sommes.

Le travail intérieur nous fait pénétrer à un niveau d'intégration où les correspondances sont universelles. Elles sont alors génératrices de paix, de lucidité, d'équilibre.

La spiritualité s'atteint par des voies différentes. Les voies religieuses sont privilégiées depuis des millénaires, mais il existe aussi la voie poétique, la véritable, celle qui traduit directement l'intuition de la Présence. Elle peut atteindre des sommets dans l'expression du Verbe.

Il y a pour moi ce que j'appelle la voie de la « Nécessité », au-delà de tout raisonnement, de toute analyse, la nécessité d'une quête dévorante qui est devenue l'essentiel de mon activité, et sans laquelle je ne suis qu'un automate.

Puisse-t-elle m'animer jusqu'à mon dernier souffle !

« Tu es dans les sanglots, tu es dans la prière
Les jours pour toi sont navires sur l'eau
L'amitié les ancres le pain les carènes
La musique les équipages les livres l'écume
Tu t'attristes pour moi qui ne sais que des mots. »

Max-Pol FOUCHET, *Mer intérieure*

Je remonte à travers mes souvenirs, comme on parcourt un sentier de montagne, du pas lent et régulier de ceux qui cultivent la terre. Je me heurte aux embûches de mon passé, aux traces de certains désirs qui m'entraînèrent hors de la frontière fluctuante entre ce que nous savons et ce que nous imaginons.

Je comprends qu'il m'est fait obligation de compter avec le temps de mon corps, d'où mon impuissance à faire durer un bonheur toujours nu et fragile. Certains chantent encore dans mon cœur... d'autres, dans ma tête seulement.

La meilleure part de l'homme n'est-elle pas son désir de rêve, masquant le désir d'ÊTRE, qu'inconsciemment il sent vivre en lui jusqu'à sa mort ?

C'est en ce désir qu'il va puiser l'émotion qui suscite tous les élans du cœur, tous les bonheurs éphémères avec leur part d'ombre et de solitude. Dans un certain sens la VIE est un Art qui peut nous conduire au cœur de l'insondable mystère du secret de l'ÊTRE.

Au-delà de l'entendement, l'éveil du sens d'ÊTRE en nous nous fait pénétrer dans un monde où chaque seconde bat le rythme d'un dynamisme créateur, où notre cœur vibre dans la plénitude d'un éternel printemps.

Alors que je désire de toute mon âme vous faire partager ces richesses, je ne possède pour vous les transmettre que la triste indigence de mon vocabulaire et je souffre de ses limites...

« La parabole des trois domaines » répond sans doute mieux à l'éternelle question de l'homme : pourquoi ?

LA PARABOLE DES TROIS DOMAINES [1]

« La vie de l'homme comme la vie des communautés n'est pas ce qu'elle paraît être. Elle se conforme à un schéma manifeste pour les uns et caché pour les autres. En fait il y a plusieurs schémas qui se déroulent en même temps. Les hommes, pourtant, prennent un élément appartenant à un schéma et tentent de le souder à un autre. Ils trouvent invariablement ce qu'ils s'attendent à trouver, mais non ce qui est réellement là.

Considérons par exemple trois choses : le blé dans le champ, l'eau dans le ruisseau et le sel dans la mine. C'est là, la condition de l'homme naturel : c'est un être qui est à la fois complet par certains côtés, et qui possède par ailleurs d'autres pouvoirs et d'autres fonctions.

Chacun de ces trois éléments est ici représentatif de substances en état de potentialité. Elles peuvent rester comme elles sont, ou bien les circonstances (l'homme avec son effort possible) peuvent les transformer.

Chacun de ces éléments est la condition du premier domaine, ou état de l'homme.

Dans le second domaine cependant, nous sommes en présence d'une phase où quelque chose de plus peut

1. Idries Shah, *op. cit.*

être fait. Le blé grâce à l'effort et à la connaissance est moissonné et moulu en farine. L'eau est recueillie et emmagasinée pour un usage ultérieur. Le sel est extrait et raffiné. L'activité de ce domaine est différente de celle du premier qui est celui de la seule croissance. Dans le second domaine, la connaissance accumulée entre en jeu.

Le troisième domaine prend naissance seulement lorsque les trois ingrédients, en proportion et quantité correctes, sont rassemblés en un certain lieu, à un certain moment. Le sel, l'eau et la farine sont mélangés et travaillés pour constituer une pâte. Quand le levain est apporté, un élément vivant vient s'y ajouter. Et le four est préparé pour la cuisson du pain. Cette dernière opération dépend autant du " tour de main " que de la connaissance accumulée.

Chaque élément, quel qu'il soit, se comportera conformément à la situation où il se trouve placé. Et cette situation c'est le Domaine où il est jeté.

Si l'objectif est le pain, pourquoi parler de l'extraction du sel ? »

Cette histoire enseigne que « l'ignorant ne peut concevoir les connaissances du philosophe, pas plus que celui-ci ne peut se faire une idée juste de la connaissance de l'illuminé ».

À la découverte
des instants « vécus »
du temps

> *« En période de catastrophes, des esprits faibles*
> *peuvent avoir la sensation que la réalité n'est rien*
> *d'autre qu'un chaos. Sur d'autres, la situation a une*
> *action contraire. L'observation du désordre extérieur*
> *et de la précarité de tous les biens extérieurs peut*
> *aiguiser la vision de l'éternel, de l'impérissable et de*
> *l'unité qui a son fondement dans la croyance en un*
> *monde d'esprit éternel. »*
>
> Arnold TOYNBEE

Une fois encore, je parcours l'Auvergne, cette antique Arvernie dans laquelle on ne peut savoir exactement quand l'homme fit son apparition. Un silex taillé découvert au sud d'Aurillac affirme « l'existence de l'homme en Auvergne à l'époque quaternaire, il y a 20 000 ans [1]. Il y a un contraste marqué entre la pénurie de documents paléolithiques et la richesse des départements voisins, Corrèze ou Dordogne. Il semble que, pendant l'âge du renne, le peuplement des hautes terres ait encore à peine commencé. »

J'aime m'imprégner de ce parfum puissant qui sourd du sol basaltique de ses plateaux surmontés de pitons aux formes insolites. Les puys apparaissent comme les forteresses naturelles de cette très ancienne partie de notre globe émergée au-dessus des eaux. Elles sont les prières de pierres dressées vers le ciel.

Il est encore des pierres levées, des pierres basculantes, des menhirs et des dolmens, liés sans doute au culte des

---

1. Louis Bréhier, membre de l'Institut, professeur de lettres de l'Université de Clermont-Ferrand.

morts et des divinités et qui pour moi demeurent la trace
d'une humanité lointaine chargée d'effluves insaisissa-
bles.

Lorsque du sommet du Puy-de-Dôme, grandiose dans
sa masse de lave, je contemple à l'horizon la ligne bleue
qui va du Montoncel (en montagne bourbonnaise) jusqu'aux montagnes du Livradois et aux derniers contreforts de la chaîne des Dômes, en passant par les monts du
Forez, je ressens en moi un besoin irrépressible de
transcendance, en même temps qu'une évidence de ma
qualité d'homme-citoyen de la terre.

Je réalise comment mon travail intérieur établit en moi
une liaison organique entre une dimension spirituelle
infiniment plus vaste et la source intérieure de l'énergie
qui alimente et maintient ma vie temporelle.

Depuis ma plus tendre enfance, je me sentis attirée par
« quelque chose » d'inconnu, ou plus exactement, que
j'avais oublié et dont j'éprouvais la nostalgie lancinante.
Parfois, de brefs éclairs zébraient ma nuit d'encre de
lueurs phosphorescentes qui me coupaient la respiration
et j'avais alors l'étrange certitude d'être, depuis toujours
et à jamais.

Je ne confiais à personne ces impressions très fortes
mais difficilement traduites par un intellect d'adoles-
cente. Cela constituait une sorte de trésor bien à moi et
que j'éprouvais comme un axe, autour duquel toute ma
vie s'articula. Il m'intégra à une réalité inconnue qui
m'arracha à l'isolement égocentrique de mon existence
quotidienne.

La nature fut toujours pour moi un ferment puissant
pour le jaillissement de ces impressions extraordinaires.
Que ce soit la forêt avec ses sortilèges, ses senteurs
sylvestres ou automnales, l'eau tranquille des lacs dans
les cratères des puys, l'herbe rase des plombs ou les
nuages blancs glissant lentement dans le ciel clair, il me
suffit de m'ouvrir à leur beauté, et aussitôt deux routes
apparaissent. L'une facile où la pente est rapide et ne

demande aucun effort : la rêverie. L'autre réclame toujours le même geste intérieur, très intime, au plexus. Le geste qui me fait « naître » à moi-même et au monde.

La longueur du chemin, qui accumula dans ma destinée tant de circonstances imprévues, me révèle aujourd'hui une rigoureuse logique qu'elle appliqua à la transformation des traits de mon caractère, à mesure que celui-ci prenait de la consistance.

J'étais soumise à un ordre nouveau qui s'avérait indispensable pour la poursuite de mon orientation intérieure, et j'en étais profondément convaincue. Je ne ressentais pas le besoin de me l'expliquer à moi-même, comme cela m'était familier. Une secrète évidence m'habitait telle une boussole indiquant inéluctablement le nord.

Comme elles sont vraies ces paroles de Descartes qu'on ne cite jamais : « Pour atteindre la Vérité, il faut une fois dans sa vie se défaire de toutes les opinions qu'on a reçues et reconstruire de nouveau, et dès le fondement, tout le système de connaissance. »

Merci, monsieur Descartes. Il est bon de rencontrer des points d'ancrage sur cette route qui n'en est pas une.

La VIE anime les formes qu'elle a créées jusqu'à l'extinction de leurs capacités fonctionnelles. Je suis pleinement consciente de la lente diminution de mes possibilités et des limites physiques et mémorielles qui en découlent. Je les ressens comme celles d'une vieille voiture dont la carrosserie se détériore. Les portes ferment mal, les sièges s'affaissent, les manettes ont du jeu et enfin le moteur a des ratés, il ne tourne plus rond, il s'essouffle. Je ne peux plus lui imposr le même effort. Mais... le chauffeur demeure lui-même, un témoin actif de la prestation fournie par la voiture. Bien des questions se lèvent et je n'accepte pas de réponses verbales.

Durant ces soixante-dix-neuf années, ce n'est pas moi qui me suis fait respirer, qui ai fait battre mon cœur, pousser mes ongles et mes cheveux. Tout cela s'est fait et

continue de se faire à travers moi par la toute-puissance
de l'énergie-Vie-Conscience à l'œuvre dans mon corps,
dans mes sentiments, dans mon penser jusqu'à l'extrême
limite de leur fonctionnement.

La VIE est un théâtre immense de cinq milliards
d'acteurs, premiers rôles, deuxièmes rôles, figurants sans
cesse renouvelés comme les vagues à la surface des
océans. La pleine conscience est semblable à la totalité de
l'océan, la connaissance à une vague qui s'élève et
retombe. Le chat miaule, le chien aboie, la mouche vole.
Chacun obéit à la loi de son être qui est son niveau de
conscience.

En l'homme s'élabore la Conscience « consciente
d'elle-même ». Et l'homme bloque le cheminement de la
VIE, la chaîne ininterrompue de la VIE dans ses rythmes
croissants et décroissants, miniaturisés en l'humain. Il ne
sert pas la VIE comme la sert le minéral, le végétal,
l'animal, règnes qui ne possèdent pas la capacité de
prendre conscience et sont destinés à subir. L'homme a
reçu le DON de *Vie Consciente*, dépassant son égocentrisme animal, le transcendant dans une aspiration
d'amour. Qu'en fait-il ?

La magnifique intelligence humaine est une étape sur
le chemin de l'ÊTRE qui se manifeste en sa création. La
personnalité de l'homme la met au service de son
égoïsme, de son orgueil, de son ambition personnelle ; les
tensions s'accumulent dans l'existence de chacun et
naturellement dans les sociétés humaines. La grande voix
de Krishnamurti s'est tue, mais l'écho est vivant dans nos
cœurs. Demeurons-lui fidèles ici et maintenant.

> « *Mais il y a loin du " Point Oméga " à un morceau de fer... Et c'est à mes dépens que je devais apprendre, peu à peu, à quel point la consistance dont je rêvais alors est un effet, non pas de " substance ", mais de " convergence ".* »
>
> Pierre TEILHARD DE CHARDIN,
> *Le Cœur de la matière*

Les taches verdoyantes des pâturages, alternant avec le jaune acide des champs de colza, contrastent avec l'horizon lointain où se profile l'énorme montagne bosselée de cratères : les volcans d'Auvergne, éteints depuis huit à dix millénaires, en sommeil devrais-je dire. Le plus haut de tous, imposant et majestueux dans sa formidable masse minérale née du vaste incendie qui embrasa une des régions les plus anciennes de l'Europe, puisqu'elle émergeait à l'époque primaire, alors que les mers couvraient encore la plupart des territoires : le Puy-de-Dôme dont le sommet se pare des ruines grandioses d'un temple romain.

Ces paysages d'Auvergne avec ses rochers nus et pelés dominant le sable blond des blés mûrs dans la plaine, les hauts sapins qui couvrent les pentes, les buttes cernant les clairières bordées de genévriers et de ronces enchevêtrés, je ne me lasse jamais de les contempler, je leur donne une part de ma vie.

Cette terre me parle par la voix des genêts qui déploient leurs bouquets de fleurs jaunes, dès que le mai nouveau s'est annoncé. Par les mille tiges des fleurs des saxifrages blancs, des renoncules dorées, des grappes bleues des campanules et des cercles violets de la scabieuse agités par le vent. Les fleurs roses du serpolet tapissent les interstices des saillies rocheuses, tandis que le millepertuis s'élance à l'assaut du ciel.

J'aime cette terre si proche du lieu qui me vit naître : le doux Bourbonnais. Il ne s'agit pas d'une image poétique, mais d'une sensation. Le léger battement de l'air dans les branches, les petits villages autour des clochers rassemblant depuis des générations des hommes et des femmes accordés au rythme des saisons, menant une vie d'échanges, d'habitudes...

Ces lieux si proches et si dissemblables, je les aime avec passion. J'éprouve le besoin de les rassembler en une image précieuse, indestructible...

Nous passons... ils demeurent...

Nous apprenons beaucoup de choses sérieuses. Nous savons des quantités de recettes pour améliorer matériellement nos existences, les rendre plus brillantes, plus spectaculaires. Nous possédons des appareils auxquels n'ont même jamais rêvé nos grands-parents, et cependant, nous ne sommes pas plus heureux. Nous gagnons beaucoup de temps dans l'accomplissement de nos tâches grâce à tous les perfectionnements technologiques mis à notre disposition, et nous n'avons jamais été aussi pressés... Nous ne savons plus distinguer entre le plaisir et la joie. Nous confondons bonheur avec possession, et nous restons sur notre faim... de QUOI ?... La question mérite d'être posée.

Nous, les êtres humains animés par l'Esprit humain, avons tous été les hommes du Néandertal, de la civilisation du bronze, de la pierre polie. Les Ligures, les Celtes, les Mongols, les Gaulois, les Latins. Nos aïeux, siècle après siècle, ont passé tour à tour par ces phases successives qui nous ont amenés à être ce que nous sommes aujourd'hui : des hommes et des femmes de cette fin du XXᵉ siècle.

Chaque humain au cours de l'histoire a obéi à la loi de son Être. L'un est plus manuel, l'autre plus intellectuel un autre plus artiste, un autre encore plus mystique, etc., et cela donne l'humanité d'aujourd'hui.

Les vertus de la Vie se sont élaborées selon un rythme très lent, un rythme cyclique semblable à celui des saisons, immense comme celui des étoiles. Ce « labourage » en profondeur, ce brassage des éléments tant physiques que psychiques se fait dans l'ombre et le silence. Toute une série de sens durent apparaître au cours du temps « morcelé » de nos existences individuelles. Combien d'années sont-elles nécessaires au nouveau-né pour acquérir le sens de la distance spatiale, du danger, pour distinguer les sons et les comprendre, pour organiser les images qui assiègent sa rétine en une signification qui construit sa mémoire ?

Tout un travail de conceptualisation s'effectue ainsi durant son enfance, avec plus ou moins de précision selon la qualité organique transmise par son hérédité, aidée ou entravée par l'éducation qu'il va recevoir.

Mais aujourd'hui, par une sorte de « résonance » universelle, un sens nouveau, le sens de l'ÊTRE, le sens de la PRÉSENCE apparaît chez l'homme lorsqu'il devient attentif d'une certaine façon, lorsqu'il prend du recul avec l'image qu'il se fait de lui-même, lorsqu'il « lâche » son pesant bagage d'opinions, de préjugés, de croyances, d'anxiété, etc.

À certains points de la planète, des formes de civilisation nouvelles s'ébauchent. À d'autres points, elles sont en plein essor intellectuel, ce qui ouvre une ère d'industrialisation sophistiquée jusqu'à nos microprocesseurs modernes, et… à d'autres points encore, s'amorce leur déclin.

Les sociétés humaines ont un âge. Elles connaissent une enfance, une adolescence, une maturité et une vieillesse. Elles naissent, se développent, déclinent et meurent.

Ainsi peut-on comprendre la nécessité de leur ÊTRE. Et à l'intérieur de cette nécessité se tient, impérative, « la nécessité d'ÊTRE » propre à chaque homme.

Lorsque par une attention totale, sans construction mentale, l'acuité des sens s'accroît, l'intelligence acquiert une clarté rayonnante, dans le cœur s'éveille une connaissance de l'intériorité de soi-même, des autres et du monde. Les certitudes antérieures se révèlent appartenant à la dimension rationnelle que nous acceptions jusqu'à ce jour comme la Réalité. Nous comprenons instantanément leur relativité. Elles existent certes... mais comme la glace existe au-dessous de zéro degré, et n'a plus droit de cité dans une température estivale.

C'est alors qu'une nouvelle relation s'instaure dans la compréhension de nous-même. Nous voyons qu'il est indispensable de pénétrer dans nos ténèbres intérieures qui renferment une source de richesse insoupçonnée de la Vie.

Mais comment pénétrer ? et avec quels outils ?

Le seul que la nature humaine nous offre, et il n'a pas de limite : l'ATTENTION tournée intérieurement, éclairant nos propres mécanismes (cérébral, émotionnel et instinctif).

Notre Moi psychologique, qui s'est construit et développé en nous dotant d'une certaine autonomie, permet alors à une Raison plus haute, à une intelligence, disons cosmique, divine, universelle, selon la coloration de notre sensibilité personnelle, de prendre les leviers de commande de notre moi individuel, le hissant au niveau d'une Conscience Universelle.

Ainsi notre intelligence rationnelle sera à sa véritable place, au service de l'homme, et non l'inverse. Il est temps que nous prenions conscience de l'interdépendance totale des êtres et des choses, au sein de l'énergie universelle d'où émane toute Vie.

Il est absurde de chercher à travers nos systèmes de pensées la Réalité que la Vie dévoile au regard attentif de celui qui l'éprouve et la « vit » dans son Être profond, immobile et silencieux. Ce que nous reconnaissons en nous comme notre intelligence, notre esprit, ne se limite pas à la conscience des valeurs rationnelles. Elles existent certes, mais ne représentent qu'une partie du tout. Notre conscience acquiert alors une dimension nouvelle qui transcende nos problèmes personnels.

La perception de l'unité de la Vie remplace notre vision dualiste habituelle : objectif — subjectif. La perception de ce que j'appelle « LA Vie dans ma vie », que mes propres expériences m'ont permis d'approfondir, me révèle que rien en moi n'est détruit : tout est transformé.

À ce niveau, il existe une exigence primordiale : que les différents degrés de conscience qui m'animent et me font être moi se « reconnaissent » mutuellement et s'acceptent. Jusqu'à présent, chacun d'eux a défendu son droit à la Vie contre l'autre qui le lui dénie. C'est toute la conversion d'une mentalité, c'est une nouvelle optique qui s'instaure.

Analogiquement, je sais que plusieurs niveaux de compétence sont requis pour qu'un ordinateur fonctionne. Pupitreur et programmeur ne suffisent pas. Il faut l'analyste, puis le directeur du projet. La méditation véritable offre la possibilité du contact avec eux et parfois avec le président-directeur général.

Mais attention aux mirages suscités par une imagination inopportune, ou au frein apporté par le ressac d'une mémoire rationnelle. Il faut « VOIR » en soi, je mets sciemment le mot entre guillemets, VOIR, et c'est tout. C'est un acte total.

Nous admettons tous sans problème que pour acquérir un certain talent, une nouvelle qualité physique, esthétique ou intellectuelle, il faut nous exercer longtemps, et nous n'y parvenons pas tous avec le même bonheur. Or pour accéder à cette nouvelle dimension de l'Être, pour que croisse en nous ce septième sens qui nous différencie de l'animal supérieur qui ne recèle pas en lui cette possibilité, il est nécessaire que s'effectuent une préparation et une éducation de toutes nos fonctions.

Nous vivons dans un siècle où la mentalité peut être qualifiée d'essentiellement scientifique. Ne la rejetons pas. Elle est nécessaire et correspond à un besoin de notre époque, mais elle ne suffit pas. Elle est seulement un des aspects d'une Mentalité globale recélant toutes les possibilités des devenirs humains.

L'antagonisme entre matérialisme et spiritualisme n'est plus acceptable aujourd'hui. Ce sont des concepts complémentaires de la réalité qui, elle, demande à être *vécue*. La réalité s'éprouve vitalement et viscéralement, sans participation verbale. Elle est essentiellement dynamique, comme le courant électrique est essentiellement énergie œuvrant à travers les différents appareils qu'elle anime et qui, sans elle, demeureraient inertes.

La Réalité est éprouvée par le sens d'ÊTRE. C'est lui le sens de la perception directe, ici et maintenant. Avant, la pensée analyse, compare, déduit, etc. Après, la pensée traduit, *formule ce qu'elle connaît*.

> *« Chez nous l'on tient les hommes comme égaux en " Être ", et ne différant que par " l'Avoir " : qualités innées et savoirs acquis. L'Hindou reconnaît une hiérarchie dans l'Être des hommes : le maître n'est pas seulement plus savant ou plus habile que l'élève, il EST substantiellement plus que lui. Et c'est ce qui rend possible la transmission de la Vérité. »*
>
> René DAUMAL,
> *Chaque fois que l'aube paraît*

La petite route tourne, remonte et descend, tourne encore, traverse des forêts de sapins, et tout à coup, à la sortie du village des Pions, surgit à l'horizon une muraille de pierre sculptée par la pluie et le vent. Imaginez un énorme rocher nu dessinant une majestueuse arabesque de granit et portant à son faîte comme un panache des arbres transformés en buissons roussis par le brûlant soleil de l'été. Voici le rocher Saint-Vincent, cher à tous les amoureux de la montagne bourbonnaise qui compte parmi ses richesses ancestrales plusieurs hauts lieux de pierres brutes, tel celui du rocher des Fourches à la Roussille, près de Châteldon, la Pierre du Sang près de Saint-Priest-la-Prugne, non loin des gisements d'uranium. C'est la région du Montoncel qui englobe les départements de l'Allier, de la Loire et du Puy-de-Dôme qui furent aux confins des plus grands peuples de la Gaule celtique, les Arvernes et les Eduens.

De grands historiens interrogèrent longuement les énigmes posées par les pierres levées, les menhirs, legs d'âges très antérieurs. Dans cette Gaule où, selon César, tout roc de quelque importance comportait un génie et un culte, les druides avaient adopté pour leur religion ces pierres branlantes et basculantes, liées peut-être au culte des morts ?

La Pierre du Sang ?

Y eut-il des sacrifices humains dans la niche à forme d'homme d'où partent des rigoles creusées dans le roc de ce haut lieu ? Ou sont-ce seulement des agents atmosphériques qui imprimèrent leurs marques sur ces pierres considérées comme sacrées depuis les époques préhistoriques ?

J'aime rapporter de mes promenades dans cette nature silencieuse, gardienne de la mémoire des temps passés, quelques feuilles de chêne ou de bouleau qui sécheront entre les pages de livres lus et relus, mais surtout un fragment de roche, une pierre banale, un petit caillou foulé des milliers de fois par des milliers d'hommes et qui condense en lui TOUT le Vivant de cet environnement. J'aime, durant les longues soirées d'hiver ou un jour de pluie gris et triste, le sentir dans ma main, « l'entendre » me parler de la VIE qui dort en lui depuis la nuit des temps... et qui s'éveille en moi, si lentement, après tant d'efforts maladroits.

Le sentiment intime de la nature pénètre toute Vie jusqu'à son essence originelle qu'il éveille à l'AMOUR. La fleur se fane et gît sur le sol, mais son parfum persiste dans l'air. Rien ne se termine jamais véritablement hors notre mortalité « personnelle ». Je refuse d'être exclusivement une combinaison mouvante et fluctuante de constituants chimiques, voire électro-magnétiques. Forte de cette évidence, je sens tous les géants de la pensée et de l'Esprit humain depuis Lao-Tseu, Bouddha, Jésus... jusqu'à Aurobindo, Teilhard de Chardin, Gurdjieff, Nisagardatta, Krishnamurti, Dürckheim et tant d'autres bien vivants parmi nous. Leurs enveloppes humaines seules ont disparu. Ils sont partie intégrante de l'Esprit Humain Total.

La véritable connaissance est expérimentale. Notre

tête conteuse d'histoires nous maintient dans un rêve. Ainsi notre corps ne reçoit pas *consciemment* les impressions sensorielles qui nourrissent sa sensibilité. Elles entrent en lui mécaniquement et ne lui communiquent pas le niveau d'énergie auquel il a droit de prétendre. Lorsque notre conscient est sans énergie, notre corps est vulnérable, alors que notre attitude est forte lorsque nos pensées sont élevées. Le corps, qui se renouvelle constamment par ses cellules, n'est jamais le même, mais CELA qui donne VIE au corps, la PRÉSENCE, est unique. Les impressions sont sa nourriture et c'est ELLE qui s'enrichit des expériences.

ELLE représente l'Activité dans ces supports vivants que sont les humains et cette Activité se module selon un certain rythme, le rythme de l'époque, spécifique tant du point de vue des Arts, de la musique que du point de vue religieux, politique et social. Car Tout est dans Tout et rien n'est séparé.

Lorsque je comprends un aspect nouveau de la Vérité de l'Être, je VOIS dans l'instant même que je le vis dans mon corps depuis longtemps déjà. La compréhension intellectuelle apparaît longtemps après l'expérience vécue par le corps. Tout un aspect de la connaissance est là sans que nous le soupçonnions. C'est la pulsation de l'essence vitale de toute chose. LA VIE unique, CONSCIENCE Unique faite de myriades de consciences et chacune consciente d'être elle-même et le Tout. Énergie Vivante de l'infini de l'Être.

« Le saule peint le vent
sans avoir besoin d'un pinceau. »

SARUY

Le soleil brillait encore sur les contreforts de la chaîne montagneuse, laissant dans l'ombre la vallée étroite. Ses rayons poudraient d'une teinte ocrée les monts érodés, tandis qu'à l'horizon le feston des pics bleuâtres se revêtait d'une lueur pourpre.

J'écoutais le silence de la campagne muette entre les fermes cachées au détour des sentiers et le bruissement du vent dans les peupliers qui bordent l'étang. J'entendais la respiration de l'air souffler sa fraîcheur sur la terre séchée par la chaleur estivale qui la faisait craquer comme une croûte durcie.

Le monde extérieur est créé par nos sens, plus particulièrement par la vue et par quelque chose à l'intérieur de notre corps qui dit : moi... je. Chacun d'entre nous possède cette faculté de création de notre environnement. Où que nous soyons, dès que nous nous éveillons la pensée « moi » apparaît simultanément avec le monde extérieur. Nous pouvons comprendre qu'environ cinq milliards d'organismes humains projettent cinq milliards d'environnements...

Mais l'homme existe aussi « au-dedans » de lui-même

dans un monde que l'activité de ses sens ne *crée pas*. Ce monde intérieur obéit à des lois différentes, mais aussi rigoureuses, et il contient d'immenses richesses qui nous échapperont aussi longtemps que nous ne regarderons qu'au-dehors de nous.

Je n'accepte plus ma vie comme un phénomène arbitraire et capricieux. Elle a sa raison d'Être. Elle est comme une graine qui doit germer et porter son fruit qui à son tour sera semence.

Je pense à tous ces gens que je rencontre dans la rue, tous ces gens que je pourrais toucher, entendre respirer, et qui comme moi sont revêtus d'une enveloppe de chair et de sang. Comme moi, leurs sens créent le décor dans lequel ils se déplacent, nous donnant des autres une image entièrement sensible ; une image que nous puissions partager.

La présence est inconditionnée
en l'homme

Le conscient rationnel a la capacité de sentir et de comprendre notre expérience sensorielle, alors que ce que les sens ne peuvent appréhender (et la science nous assure qu'il s'agit d'un infime créneau dans l'innombrable variété des vibrations) n'a pas d'existence pour lui. Il est donc rationnel de concevoir qu'il y a des limites à la rationnalité, et il est rationnel de concevoir l'existence de l'irrationnel. Les formules verbales ne peuvent traduire la réalité.

Si je cesse de m'identifier à l'image mentale de mon corps, puis au tourbillon de sensations, d'émotions, de pensées qui le parcourent dans un incessant carrousel, dans l'instant précis de la découverte, je m'en sépare. Je prends un certain recul par rapport à lui. Je vois mon corps physiquement. Je sens mon psychisme, j'observe mon mental qui traduit toute impression en mots. Tout cela est extérieur à moi-témoin, alors même que je ressens l'évidence d'une indicible unité de l'Être présente à la racine de mon expérience d'exister.

Dès que la Vie revêt une forme, elle en est la totalité, mais demeure dans une relation particulière avec l'ensemble du monde des formes. Lorsque le septième sens est éveillé chez l'homme, lui permettant de sentir la pulsation de son Être, un échange constant s'établit entre le concret et l'abstrait, entre le temporel et l'intemporel. C'est la deuxième naissance des Traditions...

« Une conscience de la conscience », dirait Stéphane Lupasco.

Ainsi l'homme se transforme-t-il intérieurement. Ce n'est pas un processus de pensée. Au contraire la pensée telle que nous la connaissons doit en être absente. La machinerie cérébrale ne doit pas intervenir pour ordonner, réglementer, juger, etc. Un silence absolu du moi psychologique est requis. Silence et immobilité...

Suivons le conseil de cet aphorisme oriental : « Pour traverser la rivière, il a fallu construire un radeau. Mais ce serait un fardeau que le porter sur ses épaules pour s'enfoncer ensuite dans la forêt. »

C'est donc ici que se situe la lutte étrange et paradoxale contre ce moi qui est nous-même. Contre cette mouvance intérieure faite de mes tics psychologiques. C'est ici que la mécanique humaine doit passer de l'AVOIR à l'ÊTRE, en vivant les DEUX simultanément. Rien ne doit être détruit, mais RELIÉ. C'est ici que l'humain peut devenir l'HOMME.

« *Le désir de l'oiseau, c'est le ciel*
Le désir de la main, c'est la caresse,
Le désir de l'oreille, c'est la musique,
Le désir des yeux, c'est l'arc-en-ciel,
Le désir des lèvres, c'est le baiser,
Le désir de la foi, c'est l'infini,
Le désir de l'amour, c'est la durée,
Le désir de l'Être, c'est DIEU

Lorsque le désir s'éveille,
C'est la fête qui commence. »

Charles SINGER

Les châtaigniers vivaces, d'un vert éclatant de faïence émaillée, déploient leurs têtes ébouriffées par leurs coques hérissées de piquants. En rangs serrés, ils couvrent les pentes de la vallée qui se déroulent en éventail, enchevêtrés dans les genévriers et les buissons de ronces, imprégnés de l'arôme pénétrant des plantes sauvages.

La petite rivière étranglée entre les murailles d'une antique brèche granitique se mue, çà et là, en cascade bondissante dans un chaos de rochers et d'éboulis. Dans la déchirure du ciel lavé par une pluie récente, quelques flocons de brume s'éparpillent. L'ombre des nuages projette encore des taches sombres sur la partie haute du plateau ondulé, recouvert de bruyères et de genêts, et ponctué de fourrés de hêtres.

Des bandes de gazon, séparées par des lignes de buissons qui les chevauchent, font songer à des écharpes de verdure caressant les rochers éclatés de cassures et d'entailles. Silhouettes étranges torturées par le vent, des arbres rabougris apparaissent à leurs faîtes.

Les étés sont courts, ceux du cœur, comme ceux du ciel. Le temps qui s'écoule ne me dépouille pas, mais au contraire m'enrichit de toutes les richesses du quotidien que, plus jeune, je percevais mal, obnubilée par un égocentrisme aveugle.

Combien je goûte aujourd'hui tous les incidents qui jalonnent ma petite vie de leur arbitraire, de leurs caprices, pour en extraire le grain de réalité qui est semence d'Être. Les longues promenades à travers la campagne, quand le soleil de l'été a flétri la fleur des buissons d'aubépine et roussi l'herbe rase des prés, suivre à petits pas le sentier qui serpente entre les vignes et me reposer sur le talus de gazon ombragé par des chênes. Dans cette nature grandiose qui m'enserre de toutes parts, je vis une vie d'échanges, d'impulsions en accord avec le vent qui court sur mon visage, avec les parfums amers des noyers, la lumière du rayon de soleil qui se mire au creux des herbes mouillées.

La société moderne nous impose des obligations quotidiennes mesurées par le temps des horloges, qui peu à peu nous transforment en mécaniques pensantes et agissantes. Chaque évasion dans la grande nature est un bain de jouvence qui nettoie mes yeux, mes oreilles et mon cœur, me laissant disponible pour accueillir la VIE dans son extrême simplicité.

La prise de conscience de nous-mêmes doit se situer à égale distance de notre environnement extérieur d'une part, et du fonctionnement psychologique de notre conscient d'autre part. Nous oscillons constamment entre ces deux opposés qui en fait sont complémentaires et n'existent pas l'un sans l'autre.

C'est la porte ouverte sur une nouvelle dimension de la conscience, de la sensibilité, de l'intelligence, une dimension qui intègre toutes nos composantes émotionnelles et mentales dans un organisme qui les assume. C'est vraiment franchir un seuil. Nos contacts avec la nature, avec sa grandeur, avec sa beauté sont des contacts avec la vie, et non pas des contacts de jugement, d'opinions. Car cette beauté la vie la fait avec notre regard, notre sensibilité indissolublement. Notre intellect, ce canevas enchanté, nous détourne souvent de la véritable richesse qui jaillit de la source de vie en nous, et que nous devons impérativement découvrir, sous peine de la perdre à jamais.

Tout, absolument tout ce que je dis, ce que je fais, ce que je pense, jaillit de moi et s'extériorise. Mais lorsque je dis « moi », il ne peut s'agir de ce que je nomme habituellement l'ensemble de mon comportement, mais du point focal par où la vie pénètre et m'anime physiquement et psychologiquement. Et sans ce souffle de la vie, mon corps n'est qu'un cadavre.

Or ce souffle de la VIE est présent dans chaque créature, il est le souffle du « Vivant » sur cette terre. Dans l'unité de ce souffle, aucune séparation ne se fait jour. Cette constatation s'impose à moi dans toute sa simplicité. Je suis liée indissociablement à tout ce qui existe. Seule ma fonction intellectuelle m'impose l'illusion d'une identité personnelle.

Au sein de la nature qui m'a enfantée, je me sens comme une oreille immense qui épelle le monde dans un langage sonore où les rapports entre les sons éveillent dans mon corps des réactions émotives. Si je demeure pleinement attentive à la subtilité de leurs vibrations, je discerne des nuances infimes jouant en virtuose sur le clavier de ma sensibilité. La VIE œuvre en moi depuis toujours, et je l'ignore... Elle est TOUT... PARTOUT... EN TOUT.

Nous sommes arrivés aujourd'hui à un stade de culture dans laquelle nous avons des compartiments très nombreux de spécialisation, mais pas l'intégration.

Il y a la biologie qui étudie une partie de la nature humaine, la psychiatrie, une autre partie, la géologie et l'archéologie nous renseigne sur l'histoire de la terre et de l'homme, l'anthropologie sur les mœurs des populations animiques. Les historiens à travers le passé recueillent les témoignages de la sagesse et de la folie humaines. Mais on chercherait en vain le signe concret d'un effort d'intégrer tous ces aspects de la connaissance, en une Sagesse qui, en aucune façon, ne peut être le fruit d'une addition de savoirs et d'études statistiques.

Le monde, notre monde humain dans lequel chacun de nous poursuit son existence personnelle, est un Être qui vit, qui respire, qui souffre, qui aime à un niveau dont nous n'avons pas conscience. Le grain de blé peut-il comprendre l'importance de la valeur nutritive du pain ? Pressent-il la métamorphose qui l'attend au terme de sa germination ?

Nous sommes les « appareils » en lesquels l'énergie-conscience s'éveille à l'ÊTRE. Jusqu'à présent, c'est-à-dire jusqu'au niveau de l'animal supérieur humain, « tout arrive », y compris nos pensées, nos actions et nos décisions que nous prétendons volontaires. Seul un travail persévérant d'observation lucide nous permettra de le vérifier. Nous « subissons » des impulsions, nous ne les contrôlons pas. VOIR CELA est déjà le début de l'ÉVEIL.

En amont de toute formulation verbale, il existe en l'homme un dynamisme organisateur, sorte de conscience fonctionnelle précédant les niveaux biologique et cérébral de la conscience humaine. Cette conscience fonctionnelle est la source de toutes les potentialités de l'énergie qui anime les humains. Notre corps recèle une puissance insoupçonnée et insoupçonnable par la seule intelligence intellectuelle. C'est l'Énergie des métamorphoses, des transmutations irrationnelles. Le mode d'emploi n'est pas à notre disposition.

Dans l'Évangile il est recommandé, pour accéder au « Royaume des Cieux », de retrouver en soi « l'état d'enfance ». Or quelle est la caractéristique fondamentale de cet état ? — le moi (dans le sens de personnel, particulier) n'est pas encore formé. C'est encore l'état de « non-séparation », que nous avons tous connu en notre petite enfance. L'état *sans* intellect, c'est-à-dire sans mémoire, la plus petite vibration mémorielle en est exclue. J'ai vécu une expérience particulièrement intense de cet état au cours d'une circonstance parfaitement banale :

On sonne à ma porte d'entrée et je vais ouvrir dans mon état habituel. Je me trouve en face d'un ami que je n'attendais pas et que je reconnais. Je lui souris, le fais entrer, lui offre de s'asseoir et je prends un fauteuil en face de lui. J'entends ses paroles mais comme une succession de sons harmonieux sans plus. À partir de l'instant où nos regards se croisèrent et où je le reconnus, l'ensemble de mon fonctionnement mental stoppa littéralement. Rien n'était changé dans les apparences, mon ami me parlait, je lui répondais... tout cela dans la plus grande banalité, mais j'étais incapable de penser, de me souvenir de la plus petite parcelle de mémoire. Je vivais totalement dans « l'instant », sans passé le plus immédiat.

Mes gestes et mes paroles étaient parfaitement dans la ligne de ce que je devais dire et faire. C'était extrêmement curieux et d'une simplicité inouïe. Mon ami prit congé et je le reconduisis avec la même aisance tranquille. Ce ne fut que plus tard, cinq ou dix minutes ? le charme se rompit : la pensée-mémoire revint.

C'est alors que je compris ce qui s'était passé : *mon monologue intérieur s'était interrompu* et ma pensée organisatrice avait cessé de prévoir ce que j'allais dire, faire. En somme c'était une coupure dans ma manière d'être là à la façon habituelle. « Quelque chose » en moi avait pris le relais du conscient mental qui coordonne mes fonctions.

Ne croyez pas que j'en eus l'explication immédiate. Il me fallut des années, au cours desquelles la même expérience se renouvela dans des circonstances différentes, avant de « percevoir » la compréhension de cet état hors du commun.

C'est ce septième sens, le sens d'ÊTRE, qui agit à travers les fonctions de mon organisme psycho-somatique. Et lorsqu'il est présent, son action est simultanée et supprime toute décision et toute mémoire antérieures à l'acte. Il en résulte une absence de conflit et de contradiction intérieurs qui permet l'immobilité silencieuse, source de la Conscience.

En quelques lignes, il est impossible de résumer le travail persévérant de tant d'années... des années qui connurent tant d'échecs, de remises en question de ma quête... de doutes, d'efforts inopérants... toujours l'appel impérieux me remettait en selle. En réalité je n'avais pas le choix : je suis ce besoin de vérité, cette nécessité de comprendre et de connaître. Si je le renie, je n'existe pas. Ou plutôt, *Je ne SUIS pas,* seul existe l'automate-humain dont les caractéristiques figurent sur ma carte d'identité.

> *« Ce n'est pas toi qui fais des essais, c'est avec toi qu'il est fait des essais. »*
>
> Gitta MALLASZ, *Dialogues avec l'Ange*

Les hommes possèdent en eux une capacité extraordinaire : celle d'embellir leur vie jusqu'à l'absurde, de l'emplir de beauté, d'harmonie, d'amour. Car cela relève pour moi d'une évidence sans cesse renouvelée : c'est de notre intériorité profonde que ces vertus peuvent jaillir, sinon elles n'existent pas. Nous les cherchons toujours à l'extérieur de nous, là où nous ne les découvrirons jamais. Elles sont une capacité humaine que nous ne reconnaissons pas.

L'homme devrait être une bénédiction pour la terre qui l'a enfanté. Il devrait y répandre ces courants d'aspiration à la Conscience, à la beauté, à tout ce qui fait la joie de vivre. Il ne sait qu'extraire de lui-même l'angoisse, l'envie, la suffisance et la violence.

Le don de VIE est une telle richesse ; aveugles à la somptuosité qui nous est offerte nous la dispersons dans la brume opaque de discussions stériles. Avec notre « participation consciente », nos corps deviennent les précieux appareils dans lesquels s'élabore la CONSCIENCE, source unique de toutes manifestations. Noyés dans nos problèmes personnels, nous demeurons sourds à l'appel

intérieur et nous mourons sans avoir véritablement
« vécu ».

J'apprends aujourd'hui le grand départ d'une amie très
chère dont la dernière missive me parvint il y a à peine
quelques semaines. Je vous révèle ce passage :

« ... Comme j'ai envie de vous poser cette question !
Recevez-vous tous les messages télépathiques que je vous
envoie ? Peut-être pas votre corps physique, ni votre
mental, mais je suis persuadée que votre esprit les capte,
sur un autre plan peut-être, tellement est forte cette
impression que nous " travaillons " sur un même rayon.
Je ressens souvent cela : je vis un combat avec plusieurs
personnes inconnues sur cette terre, et avec lesquelles je
suis particulièrement en accord.

Il y a parfois, je dis bien parfois, ce sentiment qui est si
fort ! Si cela était toujours ! ce serait presque facile, mais
combien peu souvent en contrepartie de ces empoignades
par la solitude et l'impression d'abandon !

... A vous seule Jeanne, je dis cela. Pour les autres
autour de moi j'essaie d'avoir toujours le sourire. Ce n'est
pas là méfiance, mais crainte de puiser dans leur capital-
force. Vous, je sais que vous savez tellement vous
ressourcer. Pardonnez-moi amie ! Si vous saviez ce que je
peux avoir foi dans cette merveilleuse énergie cosmique,
cette énergie d'amour. Saurais-je bien puiser ? et je pense
que c'est là ce que nous avons à faire, ou à essayer de faire
dans ce nouveau cycle, dans cette orbe de l'ère du
Verseau. »

Très chère Rose-Marie, du sein de l'indicible énergie-
amour où vous demeurez, accueillez notre aspiration à la
Lumière qui a sa source dans l'Ordre du Monde, afin que
la Paix règne sur la terre des hommes.

La dernière fois que nous nous rencontrâmes au cœur
de cette Auvergne qu'elle aimait, nous évoquâmes longuement certains passages du livre de Marguerite Your-

cenar *Mishima ou la vision du vide*[1], dont notamment celui-ci :

> « Il y a deux sortes d'êtres humains : ceux qui écartent la mort de leur pensée pour mieux et plus librement vivre, et ceux qui, au contraire, se sentent plus sagement et fortement exister qu'ils la guettent dans chacun des signaux qu'elle leur fait à travers les sensations de leur corps ou les hasards du monde extérieur. Ces deux sortes d'esprits ne s'amalgament pas. Ce que les uns appellent une manie morbide est pour les autres une héroïque discipline. C'est au lecteur de se faire une opinion. »

Quelle chance avions-nous d'appartenir à la seconde catégorie ! Je pense aujourd'hui qu'à cet instant elle pressentit le terme proche. Son regard embrassa longuement la ligne bleue des puys et sa main serra la mienne dans un instant d'intense émotion. J'ai la certitude que chacun au-dedans de lui sait des « choses », des événements à venir qu'en tant qu'individu il ignore. Parfois il le pressent dans un éclair... un voile d'oubli recouvre l'impression, le flot de l'existence coule inexorablement vers sa finalité.

Perdu « le vert paradis des amours enfantines », la froide raison intellectuelle laisse intact le désespoir des hommes.

---

1. Éditions Gallimard.

L'attention est de la conscience
La conscience est de l'être
L'être est de Dieu

> « *J'appelle " sens cosmique " l'affinité plus ou moins confuse qui nous relie psychologiquement au Tout qui nous enveloppe.* »
>
> Pierre TEILHARD DE CHARDIN,
> *L'Énergie humaine*

Il existe en nous, enfouie dans notre intériorité la plus profonde, une étrange capacité d'Intelligence-Connaissance. Lorsque nous pénétrons au-delà de nos automatismes de réaction, qu'ils soient verbaux, émotionnels ou gestuels, nous atteignons une plénitude qui nous relie à tout ce qui respire.

Une plage d'écoute silencieuse devient la source de tout ce que la pensée va exprimer. C'est le pont entre le signifiant et le signifié. On sait, on connaît directement, sans interférence mentale. L'intellect prête la syntaxe, les mots, le style qui vont concrétiser, donner forme aux idées, créer pour nous notre monde conceptuel.

Les relations humaines sont conditionnées presque exclusivement par le langage, et le langage est dualiste, ce qui explique que pour nous la vérité peut être appréhendée depuis deux orientations totalement opposées.

Je peux dire : « L'Être qui sommeille en moi doit s'éveiller », ou : « Je dois m'éveiller à l'Être en moi. »

L'une ou l'autre de ces affirmations ne change rien à la réalité de l'ÊTRE. Ce sont les affirmations de mon moi psychologique essentiellement dualiste. Il regarde le monde à travers mes sens, et comme ils sont dualistes également, des comparaisons s'établissent entre les différents phénomènes observés et suivront les analyses.

Cependant un nouveau domaine de « perception » s'ouvre à nous : celui de l'intuition. Mais pour l'aborder, il faut abandonner notre système d'évaluation intellectuelle. L'intuition prend sa source dans le silence intérieur. Habituellement, elle est étouffée par la culture exclusive de l'intelligence rationnelle dualiste.

C'est ici qu'apparaît un fait capital : un autre « sens » existe virtuellement en nous, et par lequel nous sommes totalement renseignés, sans transiter par l'intellect, sur tout ce qui se présente à nous. Un peu comme en plongeant notre main dans l'eau, nous savons instantanément si elle est chaude ou froide.

C'est un autre mode de perception qui ne nie pas ceux qui nous sont familiers, mais va au-delà de leurs limites et appartient directement à la Conscience d'Être innée en l'homme, celle qui développe une intelligence sans antinomie, où les contraires se complémentent.

L'indicible donne du sens et de la profondeur à la réalité quotidienne. Ce n'est que lorsque l'homme se sent concerné viscéralement qu'IL VIT réellement. Je mesure à quel point durant des décennies, ce que j'ai cru fut plus important que ce que j'ai perçu. À l'instant même où les choses vues pénétraient dans mon conscient, elles s'identifiaient à mon système de référence des valeurs, s'insérant selon des critères bien définis par mon appartenance culturelle et sociale.

Je découvre combien d'erreurs dans l'orientation de ma recherche découlèrent de ce simple fait...

Ma vie fut longtemps enfermée dans le cercle magique de la « forêt mystérieuse ». Il y a la forêt que je vois, dans laquelle je marche à l'écoute des mille bruits qui m'entourent, et il y a l'autre, l'invisible, celle des origines, terriblement active dans la sève qui monte de ses racines. La forêt des profondeurs mystérieuses qu'aucun chant d'oiseau, qu'aucun cri d'enfant n'atteint jamais et qui me fait plonger dans l'intériorité de mes propres ténèbres biologiques. Je ressens presque physiquement une mouvance inconnue qui se révèle comme une paix, une bienveillance, une joie fluide et sans limites : Cela ne peut être nommé... c'est tellement inattendu... Et pourtant une pensée insensée me traverse de sa fulguration : cette chaleur lumineuse qui pénètre partout... c'est le Toucher de mes cellules... leur langage... Leur Vie, celle d'en bas, qui monte, et l'autre, La Grande Vie Universelle, qui descend et la rejoint dans « ma » toute petite vie personnelle. Les Trois qui deviennent UNE... La baguette magique de la Fée des contes de mon enfance... C'est trop... je ne suis pas digne...

On sonne, c'est pour le relevé du compteur électrique. Merci mon Dieu de me rappeler que l'humour est le meilleur des alliés lorsqu'il pourrait se produire une brisure de rythme. Comme ces vers de Rimbaud résonnent juste dans mon cœur :

> « La vraie Vie est absente,
>   Nous ne sommes pas au monde. »

> « *La science est limitée par les sensations, par l'intellect et surtout par la raison et l'intelligence conceptuelle ; elle est un produit de la pensée ; elle est par conséquent dualiste par nature. La Tradition indique des voies permettant l'accès à la Réalité au-delà de la pensée, dans un vécu aconceptuel et non duel.*
>
> *A travers l'histoire de la Science, on sait combien celle-ci s'est inspirée des données de la Tradition. La Tradition ne s'est jamais inspirée de la Science.* »
>
> Pierre WEIL [1]

Ce livre n'est pas un livre religieux, mais il n'est pas non plus son contraire. Je dirais plutôt qu'il est un témoignage sur la richesse de ce que je nomme sans me lasser : la VIE dans « ma » vie. Il évoque un Ordre du monde au-delà de la dualité des concepts sur lesquels sont fondés les principes régissant les sociétés humaines.

Par la fulguration de ce septième sens, que vous pouvez appeler la PRÉSENCE, la structure des choses, des idées s'assemble en un tout dense, concret, qui sait, sent... agit. Mais le mot Présence n'est pas la Présence. Le mot est seulement une traduction mentale.

La Présence s'impose du *dedans*, partout à la fois. Après des années de recherche, en un instant, ELLE gomme tout et rayonne.

L'homme a inventé des « conventions » linguistiques, familiales, religieuses, sociales, culturelles et politiques qui règlent selon des proportions différentes les activités de son existence. Lorsqu'elles sont en opposition, il

---

1. Docteur en psychologie, professeur à l'université de Belo Horizonte (Brésil), extrait des entretiens parus dans la revue *Le 3ᵉ Millénaire*, nᵒ 6, sous le titre « Rencontre de la Science et de la Tradition ».

248 Le 7e sens

s'ensuit des conflits et des guerres. Il est prisonnier de ses propres créations.

La réalité de la VIE est au-delà de quelque convention que ce soit. L'Homme doit le découvrir en lui : la VIE est unique ; d'ELLE découle le multiple.

À chaque époque, un Homme est venu parler de l'UN qui contient TOUT. Il fut toujours rejeté et souvent mis à mort. Puis une Tradition organisa avec plus ou moins de réussite la transmission de ses Paroles à travers le cours du temps.

Aujourd'hui une vérité se fait jour : l'homme n'est pas le centre de la création, ni son point final. Il appartient au processus en cours de réalisation. Le développement de son intelligence rationnelle au cours de ce vingtième siècle a mis entre ses mains un pouvoir technologique qui lui permet de détruire en un temps infime la somme de connaissance qu'elle accumula patiemment durant des dizaines de milliers d'années.

Obéira-t-il à cette pulsion de mort ? Ou saura-t-il s'en libérer ? Saura-t-il être l'artificier qui désamorce toutes les charges explosives accumulées au cours des siècles dans ces appareils psychosomatiques qu'on appelle les hommes ?

Comme nous le répétait inlassablement Krishnamurti, chacun de nous a sa part de responsabilité dans la réponse qui ne doit pas être une pensée, si bien exprimée fût-elle, mais une « attitude » vécue dans la plénitude de notre conditon d'HOMME.

La pensée mentale se nourrit de mémoires. La pensée spirituelle se nourrit d'évidence. Le septième sens est la clé de la métamorphose de l'ATTENTION. Il unit en *une seule fonction* la perception et la prise de conscience. Il est la conscience fonctionnelle de tous nos processus intérieurs automatiques, et relie en un tout indissociable nos différents niveaux d'attention. Il est à la fois capteur et émetteur d'énergie de diverses fréquences.

C'est le SENS à l'échelle de la planète, celui qui relie

consciemment l'homme à la terre dont il est le fruit. Donnez-lui un autre nom ; cela est sans importance, mais surtout n'allez pas discuter et vous opposer à propos de ce nom. N'oubliez jamais que le mot n'est pas la chose.

Lorsque ce septième sens est présent, l'Attention est consciente, éveillée avant que l'image apparaisse sur l'écran du mental, alors qu'habituellement c'est la formulation verbale automatique qui l'éveille. Mais il ne s'agit pas d'une antériorité chronologique, mais d'une antériorité dans la substance même de l'Attention.

Le temps est le rythme de nos perceptions et nous vivons en accord avec celui de nos perceptions mentales. Nous ne sommes pas présents à ceux de nos perceptions sensorielles, mais seulement à celui de leur traduction mentale qui crée notre monde conventionnel. Seules une souffrance physique, la roulette du dentiste par exemple, ou une émotion, nous font entrer brutalement dans un temps différent. Nous ne sommes toujours que dans un tiers de nous-mêmes et nous ne vivons qu'à 30 % de nos possibilités.

L'homme vit dans sa personnalité comme dans une bulle. Quelle qu'elle soit, de celle du balayeur à celle du ministre, il se prend pour elle et la « bulle » se referme. Elle n'est cependant qu'une étape sur le chemin de l'Être qui se manifeste dans sa création. Lorsque « je sais » cela, je peux « ouvrir » la bulle. Elle est l'étape-bourgeon de la plante ; ensuite viendront la feuille et la fleur... L'existence, la vôtre, la mienne, est horizontale, si je peux suggérer cette image ; l'ÊTRE est vertical. Ainsi je vois deux directions, deux rythmes, et seul le « ressenti » du vécu dans le Présent de l'instant permet le « saut » dans l'autre dimension de la VIE, dans l'unité de la Conscience qui intègre tous les rythmes.

Il existe dans ma tête, dans mon cœur, dans mes viscères, des gisements de substances qui se nomment : poésie, tendresse, fraternité, amour et que je ne songe pas à exploiter ou que j'exploite mal parce que cela n'est pas clair dans ma vision de l'homme. Cependant c'est une grande richesse, mais qui ne m'appartient pas en propre car elle appartient à la nature humaine, comme les gisements de pétrole, d'or, de diamant appartiennent à la terre et sont le bien commun des hommes.

Une évidence s'impose brusquement à moi : Je connais un grand nombre de mots. Je les emploie avec plus ou moins de bonheur, mais surtout avec une prodigalité suspecte de gaspillage. J'oublie trop souvent que les mots sont les vecteurs du Verbe qui recouvre le monde d'un manteau d'humanité.

Durant une heure seulement, demandons-nous de faire l'effort de ne prononcer que les mots qui désignent quelque chose que nous « ressentons », des mots « vrais » parce qu'ils véhiculent la VIE, parce qu'ils traduisent des histoires de Vie vécue, ressentie dans tout notre corps.

Pendant une heure seulement nous refuser d'employer des mots vides, des mots morts, même et surtout si leur apparence s'avère brillante, élégante, propre à nous rallier la considération de notre interlocuteur. La tentation est grande parfois de se laisser aller à enchaîner les mots les uns aux autres suivant un automatisme qui nous rassure.

Prendre conscience le temps d'un instant que la parole ne nous appartient pas, que nos mots, nos idées sont des conventions qui nous permettent de communiquer, d'échanger... d'aimer... et en vérité cela se réduit à très peu de chose. Parfois une sensibilité extrêmement subtile se fait jour dans le même temps où des significations nouvelles envahissent mon conscient.

Si vous êtes tout entier « vivant » dans votre écoute, et moi vivante jusque dans les cellules de ma main qui écrit ces lignes, nous n'existons plus seulement, nous « sommes » la VIE unique, indivisible qui nous emplit de conscience. Nous témoignons de la richesse indicible du monde. Une force inconnue nous habite ; c'est un instant

très important, peut-être ne se représentera-t-il pas.
Nous pouvons « choisir » de nous « servir » de cette force
pour les intérêts personnels de notre existence quotidienne ou, au contraire, ne pas nous sentir concernés
psychologiquement et nous « ouvrir » à l'ordre inconnu
de la VIE universelle.

Je pense à ces paroles du professeur Skridlov, dans
Rencontres avec des hommes remarquables de G. I. Gurdjieff[1].

« ... Avant cette rencontre, j'étais un homme entièrement absorbé par ses intérêts et ses plaisirs personnels, ainsi que par les intérêts et les plaisirs de ses
enfants. J'étais toujours occupé en pensée à chercher à
satisfaire au mieux mes besoins et les leurs.

Je peux dire que jusque-là tout mon être était
dominé par l'égoïsme et que toutes mes émotions et
manifestations venaient de ma vanité.

Ma rencontre avec le Père Giovanni a tué tout cela,
et depuis lors, peu à peu, est apparu en moi quelque
chose qui m'a amené tout entier à la conviction absolue
qu'en dehors des agitations de la vie il existe " quelque
chose d'autre " qui devrait être le but et l'idéal de tout
homme plus ou moins capable de penser — et que,
seule, cette chose " autre " peut rendre l'homme
vraiment heureux et lui apporter des valeurs réelles, au
lieu de ces " biens " illusoires qui, dans la vie ordi-
naire, lui sont toujours et partout prodigués. »

1. Éditions Fayard.

> « *Au cœur immortel de l'Être dont les battements
> marquent les alternances de la Vie et de la mort,
> résonne le chant profond, en écho à l'harmonie de
> l'univers.* »

Jean-Louis Siémons, *Mourir pour renaître*

Sur le plan du quotidien, je n'attends plus rien de mon
existence. Que représente-t-elle en dehors du cadre de
références au-dedans duquel je me manifeste selon certaines règles, certains critères imposés par un ensemble
d'habitudes codifiées par une société moutonnière ?

Je ne crois pas calomnier la haute technicité de notre
époque, en regrettant qu'elle se développe aux dépens de
la sensibilité. Que les travaux scientifiques se poursuivent ; que le commerce des intelligences crée des objets
nouveaux, des valeurs matérielles nécessaires, mais de
grâce, qu'on n'oublie pas la VIE... Notre humanité pressée
ne comprend pas encore que l'horloge du progrès n'est
pas l'horloge du bonheur. Aux étoiles des fusées et des
sondes jaillissant de notre technologie spatiale, je préfère
l'indicible éclat des étoiles intérieures.

À l'Université indépendante de Vichy (aucun lien avec
l'Université d'État traditionnelle), j'ai chaque semaine
des entretiens-rencontres avec des personnes de tous âges
et venant de tous horizons, sur un thème très vaste :
« Spiritualité vivante ».

Je tente de leur faire découvrir en eux le mouvement de

la VIE, ce courant qui émane de leur intériorité profonde
et les unit au courant de chacun des autres, de la même
façon que leur souffle porté par leur sang unit en les
nourrissant leurs milliards de cellules.

Chez bon nombre d'entre eux, l'éclairage intérieur
change. Plusieurs me le disent ou me l'écrivent. Je le lis
dans leur attitude, dans leur regard... et ce m'est une
grande joie.

Il y a quelques mois, je fixai comme objectif : emplir
son corps de conscience, d'une sensation de présence à
soi-même, pour qu'il se transforme en ce que j'appelai
« une maison de VIE ». J'ajoutai que nous tous serions, à
l'instar des poupées gigognes, une autre maison de VIE,
qu'il nous serait demandé de nourrir de notre Attention
consciente, chaque jour, où que nous fussions.

C'est alors que je reçus une lettre d'une personne qui
était venue me rendre visite à Vichy à la suite de la
publication de *La Conscience d'Être*. Elle m'avait envoyé
une carte, et depuis plus de trois ans, je n'avais aucune
nouvelle. Elle me demandait si je me souvenais encore
d'elle, mais elle se sentait obligée de me faire part d'un
rêve tout récent qui l'avait fortement impressionnée. Je
lui apparaissais très nettement, elle reconnaissait ma voix
et je lui léguais une maison, je voulais la faire entrer dans
une maison qui serait sa maison.

Au réveil, elle trouvait cette histoire de maison
absurde, mais néanmoins demeurait marquée par le
souvenir de mon affirmation. Elle tenta de me télépho-
ner ; j'étais absente, alors elle m'écrivit...

Je ne l'avais nullement oubliée, car j'avais éprouvé une
immense sympathie pour elle. Par le biais du rêve elle
avait pris contact avec l'aspiration de notre petit groupe.
À cinq cents kilomètres de distance, nos fréquences
vibratoires s'étaient jointes. Cet exemple en dit long sur
la contagion des états intérieurs et notre responsabilité
sur nos propres pensées et sentiments...

Tout est vibration. Les objets, les choses, les événements sont des structures faites de la rencontre de ces vibrations, et cela s'étend des cailloux du sentier à l'ivresse de l'inspiration poétique. Je n'existe pas sans un environnement, et à cet environnement je ne peux tracer de limite. Je me déplace à l'intérieur de lui sans aucune volonté de m'en séparer. Par mes sens je connais l'enlacement mobile de toutes choses, le courant qui les unit. La beauté du monde n'est pas extérieure, elle s'élève du plus profond de moi, ou bien elle n'est pas. C'est à ce point de mon observation silencieuse qu'une certitude se fait jour : seule EST la VIE... surtout ne pas perdre sa trace, car au moindre détour, je m'éloigne d'ELLE pour longtemps.

C'est dans mon propre corps qu'il me faut découvrir le mystère de l'âme humaine, là où se confondent dans une disponibilité totale l'oubli de soi-même et l'impulsion créatrice.

Quel maléfice me sépare toujours de cet instant ineffable ? que je revis chaque fois comme une première fois ? ce temps sans durée dans un espace non spatial ?

Plus d'une fois déjà je l'ai identifié : mon monologue intérieur qui possède au plus haut point l'art du camouflage. Il échappe à ma vigilance qui tombe dans ses pièges sans cesse renouvelés. Il joue en virtuose sur le clavier de ma sensibilité, improvisant selon son humeur une mélodie joyeuse ou nostalgique. Les images se profilent sur l'écran intérieur. Mon présent est stoppé ; le champ est libre pour ce monologue-dialogue-mémoire-imagination qui par des milliers de tentacules se nourrit de mon essence vitale.

Le voilà bien l'ennemi juré de ma liberté. Combien de temps encore succomberai-je à ses astuces redoutables ? Je découvris une arme pour lutter avec le maximum d'efficacité contre ses ruses sournoises ; une tâche que je me demandais d'assumer : transformer l'habitacle de chair et de sang qui s'exprime et agit en mon nom en une « maison de VIE » suffisamment féconde pour que d'autres puissent y puiser l'eau vive là où elle jaillit et sentir ainsi qu'elle est en chacun d'eux à égalité, à chaque instant du temps « vécu », car elle appartient à tous, elle est le bien commun de tous.

En quelques années, la publication d'un livre, puis du suivant... des conférences... des entretiens... puis les rencontres renouvelées et ouvertes à tous de l'Université indépendante habillèrent la tâche que je m'étais donnée de circonstances propres à sa réalisation... Le chemin est très long, souvent très peu carrossable, criblé d'embûches, et aucune garantie ne peut être donnée. Qu'importe... La Connaissance de Soi, c'est découvrir la VIE, et découvrir la VIE, c'est découvrir l'AMOUR qui crée un monde nouveau.

Il ne s'agit nullement de l'évocation poétique d'un certain état d'âme, mais au contraire d'une réalité vécue dans toute son intensité. Le remplacement abrupt du rythme global qui commande toutes mes manifestations, par un autre totalement nouveau qui se concrétise en moi par les termes de : Simplicité, Liberté. Des années de travail intérieur sont nécessaires avant d'accéder librement à ce nouveau rythme qui « m'ouvre » au monde et à tous les autres, gommant le dialogue incessant avec moi-même, me libérant des sortilèges de sa petite musique qui me maintient dans l'ignorance de ma nature véritable.

Si ces propos ne vous semblent pas clairs, abandonnez-en la lecture pour trois semaines, trois mois... un an ou plus, mais ne les discutez pas ; ils n'appartiennent pas au monde du raisonnement, de l'analyse. Attendez !... il est très improbable que vous ne soyez visités un jour par une réminiscence de la réalité qu'ils évoquaient.

> *« Les phénomènes que nous voyons sont curieux et surprenants, mais nous ne comprenons pas le plus merveilleux de tous, et c'est celui et uniquement celui dont la force illimitée est responsable de :*
> *1° tous les phénomènes que nous voyons ;*
> *2° de l'action par laquelle nous les voyons. »*
>
> Ramana MAHARSHI

Inattendu, dans l'effort pour aider une personne qui souffre, j'ai la révélation du « passage-éclair » de la respiration corporelle à la respiration globale du « Vivant » de toutes les créatures. Il ne s'agit pas d'un surplus d'informations, mais d'une intensité accrue du Vécu. La différence ?

Vivre au niveau du contenu, alors que je ne vis qu'au niveau du contenant. Le contenant étant le connu, le contenu étant l'inconnu. Chacun a sa propre vitesse, sa propre perception, sa propre respiration. Le pont entre eux est la conscience vécue de la nouvelle vibration qui les relie en une seule unité de sensation.

C'est en l'Homme que l'Énergie-Vie-Conscience se développe jusqu'au niveau où elle rend compte de toutes les expressions de la Vie Humaine. Elle est le grain de sénevé des Évangiles qui « accomplit Tout et Toutes choses. » En arrière-plan de la Vie de tous les jours apparaît un univers qui la contient, un « signifiant cosmique ». Les racines de l'Être partent de la matière et s'élèvent jusqu'à Dieu.

Nous devons mettre de la Conscience dans les petits

détails de la Vie quotidienne. C'est ainsi que très
lentement, mais sûrement, nous bâtissons un pont de
sensations entre les mondes accessibles à l'homme.
L'Attention est la substance de la Conscience ; la
Conscience est la substance de l'ÊTRE. Ressentir simultanément la globalité de l'environnement et le vécu intérieur, à cet instant JE SUIS est le pont qui unit les deux
rives.

Cette perception est constamment possible. Il ne
manque que la rapidité dans la prise de contact. Les
dimensions d'un espace géométrique et d'un temps
morcelé en durées n'ont plus cours là où tout se situe
dans un jaillissement d'intensité vivante. Vivre l'Instant
lumineux où RIEN n'est, parce que RIEN contient TOUT.

La simplicité, la naturalité de CELA apparaît comme le
substrat généré au cours de la longue suite d'épreuves
dispensées par l'existence et non refusées. Tout devient
très simple lorsque la tête se tait. Tout se vit dans
l'instant, sans avant, sans après, présent à tout sans
particulariser.

Les arts, la poésie, la musique, le sentiment religieux,
toute forme impersonnelle de l'Amour sont le nouveau
temps et le nouvel espace de cet état d'Être, qui par
rapport à l'état intérieur représente un Éveil de la
Conscience. Tout Éveil marque le passage d'un niveau
d'énergie à celui d'une fréquence de vibrations supérieures. À chaque état de l'Être correspond un certain
degré de connaissance [1]. La connaissance appartient à la
Conscience comme un tout indivisible. C'est aussi simple
que de savoir en le goûtant si votre café est sucré ou non.
Les mots sont inutiles, on n'a pas à penser : on connaît.

Les mots : fréquences vibratoires, niveaux de
conscience, etc., sont barbares. Ils ne « parlent » pas à la
sensibilité. Pour les comprendre, il faut s'adresser à la
pensée analogique. Prenons un exemple :

1. Ouspensky, *Fragments d'un enseignement inconnu*, Éditions Stock.

Vous êtes dans la rue, vous achetez votre journal, puis vous marchez sans être intéressé spécialement, lorsque tout à coup, sur le trottoir d'en face, vous apercevez un être qui vous est cher. Instantanément s'élève un élan de chaleur du tréfonds de vous-même, qui « allume » votre regard et que vous ressentez dans votre poitrine comme une joie, comme un bonheur.

Vous avez changé inconsciemment de niveau de conscience.

Vous apprenez par la radio ou le journal qu'une loi nouvelle ou le cours de la Bourse vous sont largement préjudiciables. De la même manière, mais dans l'autre sens, votre plexus se contracte simultanément avec votre abdomen, vos épaules remontent et se serrent, vous ressentez un certain malaise. Il s'agit encore d'un changement inconscient de niveau de conscience. Le premier dans une fréquence de vibrations plus hautes, le second dans une fréquence de vibrations plus basses.

Cela se produit des dizaines et même des centaines de fois au cours de la journée. Constamment les circonstances extérieures vous font monter et descendre sur l'Échelle de Jacob de la Création.

Le travail intérieur libère de ces contingences. Elles ne vous concernent plus. Vous faites ce que votre Conscience vous suggère parce que vous devez assumer les charges normales de votre existence, mais psychologiquement vous en êtes libre.

Curieusement, lorsque cela est bien compris, les conditions de l'existence et plusieurs éléments de l'environnement changent aussi avec beaucoup de naturel. C'est un fait que l'on peut constater.

Néanmoins il faut un certain temps de maturation dans les ténèbres de notre inconscient avant qu'une transformation ne s'amorce. N'importe, le Temps, la vie en a à profusion. Je vous l'ai dit : l'existence n'est pas la vie, mais seulement une certaine durée dans l'éternité de la vie.

L'énergie de la VIE une et indivisible a vécu, vit et vivra la totalité des existences individuelles à travers les âges. C'est ELLE en nous qui anime les personnages de toutes les époques. Ils sont les masques derrière lesquels elle apparaît, les marionnettes dont elle tire les ficelles.

À partir de l'incarnation dans laquelle « elle se reconnaît », un seuil est passé, une étape est franchie. Le septième sens est éveillé et actif en l'homme.

Comment pourrait-il perdre la Vie PUISQU'IL EST LA VIE, le grand JE SUIS éternel ? Ce qui meurt est ce qu'il y avait ajouté : je suis un tel ou un tel, l'enveloppe...

Lorsque les centres supérieurs nerveux et cérébraux sont éveillés à la Conscience du septième sens, ils peuvent recevoir et transmettre des fréquences de vibrations très élevées qui transforment dans des proportions importantes leur comportement habituel, élargit leur zone d'influence extérieure, affermit leur santé et leur permet de poursuivre leur développement spirituel. Un niveau de conscience accrue emplit le corps d'une énergie vitale intensifiée. Les fréquences vibratoires de la Conscience sont infiniment élevées et sont vécues par nous comme des contacts directs avec l'ÊTRE.

ÊTRE, c'est savoir à l'instant ce que l'on a à faire ou à ne pas faire, à dire ou à ne pas dire, sans mot préalable, sans raisonnement. On ne s'embarrasse plus de la mémoire, d'aucune considération psychologique. Je ne subis plus le mécanisme cérébral, il est à mon service.

Nous sentons tous, à un moment de notre existence, qu'il nous reste quelque chose de mystérieux à découvrir dans la profondeur de notre intériorité. Quelque chose au-delà du simple entendement, et qui touche directement à l'essence métaphysique de notre Être.

L'essentiel ne peut être exprimé, mais seulement vécu, c'est-à-dire éprouvé dans la totalité de soi-même. Capter la pulsation intime de CELA qui tressaille, qui vibre en vous dans votre sourire, dans votre joie, dans vos larmes... Apprendre à discerner en toutes choses l'Unité de la VIE.

L'allégresse qui m'habite et gomme toute peur parce que je n'ai plus à me soucier d'un hypothétique devenir, je veux la partager avec vous en franchissant mes limites, ces illusoires paravents défenseurs de ma personnalité tout aussi illusoire. Soyons ensemble dans le courant de la VIE. Soyons les molécules d'Amour que le vent du large disperse sur la terre qui s'éveille. Soyons cette vibration nouvelle libre de toute sentimentalité, échappant à jamais à l'esclavage d'une vie mesquine centrée sur soi-même.

Cette allégresse, qu'elle croisse et multiplie à travers

nous, afin de se répandre sur nos frères. Ce n'est pas une
utopie, ce n'est pas un rêve. Si vous le ressentez un
instant seulement, cela prendra corps en vous et pourra
germer... et vous serez une bénédiction pour votre
prochain.

La loi de la contradiction pèse sur l'existence
humaine : moi, l'autre, le chaud, le froid, etc. La dualité,
partenaire éternel, sème partout la confusion des apparences. Dans nos sociétés contemporaines, carrefours de
races et champs de bataille de la politique, le sacré et le
profane, le somptueux et le sordide, le meilleur et le pire
s'y mêlent étrangement.

Notre monde occidental aujourd'hui se grise de crois-
sances économiques et se désespère, lorsque Sisyphe de
notre époque, il ploie sous le mouvement de retrait
qu'elles lui imposent et qui l'écrase. L'aventure réelle ne
peut être qu'intérieure, à la rencontre de soi-même,
triomphant du bloc de granit de notre moi psychologique
qui en obstrue l'accès. S'abandonner à la VIE est sans
doute l'acte le plus difficile à accomplir. Laissons-la nous
traverser sans lui opposer les barrières de la sophistica-
tion intellectuelle et affective qui lacèrent sa cohérence
originelle. Ainsi permettrons-nous à la plus grande
Puissance du monde d'établir l'ordre, SON ordre dans le
microcosme humain qui porte notre nom.

Depuis la publication de mon premier livre, il y a dix
ans, et celle du second en 1983, je fus confrontée à
beaucoup de situations douloureuses vécues par mes
lecteurs. Aujourd'hui encore, il ne se passe guère de
semaines sans que l'on sollicite mon avis devant un
problème très intime. Chaque fois je me sens très humble
en face de la complexité de la nature humaine. Je n'ai
aucune autorité pour suggérer quelque décision que ce
soit ; je ne peux que comprendre la souffrance exprimée
en la « partageant », c'est-à-dire en la ressentant moi-
même dans ma chair et dans mon sang, et si la douleur est

authentique, des mots jaillissent de mes lèvres et parfois soulagent...

C'est ainsi qu'il me fut donné à plusieurs reprises de connaître la souffrance causée chez les femmes par la stérilité ou par l'interruption décidée d'une promesse de maternité. C'est quelque chose de bouleversant. La femme ressent, dans le premier cas, une infériorité viscérale : elle n'a pas donné la Vie, elle n'est pas une véritable femme. Dans le second cas : elle a tué une Vie, elle se sent coupable. Une force sournoise l'enserre dans une étreinte invisible et par des milliers de tentacules aspire sa vitalité.

Bien que totalement opposées, ces deux situations génèrent une immense souffrance d'autant plus importante qu'instinctivement, elle est refoulée aux confins de la sensibilité où elle cause des ravages. J'ai passionnément cherché à comprendre à travers le regard interrogateur ou la voix douloureuse qui s'adressaient à moi.

Il m'advint, il y a déjà plusieurs années, de répondre spontanément :

— Ce que vous n'avez pas donné en « quantité », donnez-le en « qualité ».

Je sentis aussitôt la richesse contenue dans cette formule. Depuis, jour après jour, j'ai creusé le silence informel d'où elle avait jailli. Il s'en libère une évidence fondamentale, émanant directement de l'ÊTRE. Je vais tenter de vous la transmettre dans sa naturalité.

Nous ne sommes pas venus sur cette planète pour faire carrière, devenir célèbres, nous assurer une vieillesse nantie, ou même simplement exister le mieux possible. Réfléchissons : le minéral a permis le végétal. Celui-ci par la photosynthèse a conduit aux conditions de vie du règne animal, lequel s'est élevé jusqu'au règne humain par la complexité de son cerveau qui a vu naître le langage. Et cela a pris dans son ensemble des milliards d'années.

Mais nous, aujourd'hui, qu'offrons-nous à plus grand

que nous ? à la planète dont nous sommes l'aboutisse-
ment des dernières semailles ?

L'Énergie-VIE qui anime le grand organisme de l'univers se transcende à travers chaque règne. Pour assurer sa
permanence, l'homme, comme l'animal, contient en lui
la fonction de se reproduire par son énergie sexuelle.
Mais alors que l'animal subit la contrainte de cette faculté
à des époques déterminées pour chaque espèce, et que
lorsque sa fonction reproductrice se tarit, il dégénère
rapidement et meurt, l'homme a reçu le don de « gérer »
sa sexualité.

Dans un premier temps, l'énergie sexuelle transmet la
Vie, parce qu'elle EST LA VIE à tous les niveaux de son
expression. Chez l'homme, elle est à la fois physique,
puis psychique, puis mentale et dans sa plus grande
fréquence de vibration, sexuelle. Elle doit se donner à
elle-même une nouvelle possibilité de se manifester dans
un nouveau corps. Jusqu'à présent nous demeurons dans
les automatismes acquis. Mais comprenons que l'homme
n'est pas « fini » par la nature. Elle l'a conduit à un
certain point de son évolution, rien n'est terminé. De
nombreux auteurs ont signalé ce fait. Je pense notamment à G. I. Gurdjieff qui en a tiré la base de son
Enseignement : « L'homme doit apporter sa participation consciente à son évolution. »

Dans les sociétés primitives, il était imposé une série
d'épreuves, à la fois physiques et psychiques, aux jeunes
adolescents, avant que leur soit conférée la condition
d'adulte reconnu par le clan. Ce fut un rite humain tombé
en désuétude. Ne signifiait-il pas une grande vérité ? Le
passage d'un état d'enfance protégé à un état d'Être pré-
conscient d'où devrait émerger le sens de la responsabilité
devant soi-même et devant les autres ? se dotant ainsi
d'une vigueur pré-spirituelle inconnue ?

Dans l'homme, l'énergie sexuelle a un autre rôle à
jouer. Comme toute la création elle est duelle. Sa seconde

fonction est d'œuvrer à sa propre transformation en énergie supérieure, c'est-à-dire en énergie spirituelle.

« Vécues consciemment », la ménopause et l'andropause sont les prémices de la puberté de l'âme.

L'énergie sexuelle transmet la VIE, parce que durant quelques instants ELLE EST LA VIE. Elle atteint une intensité maximum dans cette fonction qu'elle remplit automatiquement à travers l'organisme humain.

Cette intensité représente la fréquence vibratoire minimum d'un nouvel état de conscience d'ÊTRE, ou si vous voulez, ce qu'on peut appeler une nouvelle naissance.

Cet état, je l'ai vécu, c'est-à-dire expérimenté, il y a quarante ans, et naturellement sans en comprendre véritablement le mécanisme et ses implications. L'intellect s'en empare et le traduit selon ses propres coordonnées.

Cependant Tout est si simple. L'énergie sexuelle devient à ce niveau l'énergie spirituelle.

L'Homme « doit transmettre » la VIE. Inconsciemment il recherche, à l'extérieur de lui, la partenaire, ou pour la femme le partenaire, avec laquelle il se sent poussé à s'unir, à ne faire qu'un… à aimer l'autre et construire un foyer fécond. C'est en cela qu'il dépasse sa nature animale instinctive.

Mais alors que sa fonction de reproduction diminue et s'éteint, ce qui en général affecte l'image psychologique qu'il se fait de lui-même, il ignore la merveilleuse aventure qui lui est offerte depuis toujours : la transformation de l'énergie sexuelle en énergie spirituelle. Pour cela il faut la présence d'un catalyseur. Il se nomme l'ATTENTION CONSCIENTE. Prenons une image :

L'énergie sexuelle est de la limaille de fer. L'Attention consciente est l'aimant qui entre en contact avec elle. Aussitôt un champ magnétique est créé, la limaille s'ordonne selon une figure géométrique strictement élaborée. L'énergie sexuelle ne s'écoule plus « extérieurement », elle retourne « intérieurement » à son origine.

Le sens de la Vie ne s'épuise pas au cours de l'existence qui nous est impartie. Au contraire il prend une extension qu'on n'aurait jamais soupçonnée. Chaque âge apporte sa pierre à l'édifice. Si nous concevons la durée de notre Vie actuelle comme un jour de la grande horloge cosmique, nous pourrons dire que le soir a autant d'importance que le matin. Seul le but n'est plus du même ordre.

Je mis des années d'expériences avant de « saisir » la simplicité de cette Loi de la Création.

Vivons pleinement la symphonie des quatre saisons de notre existence, afin que son terme marque le début d'un total renouvellement... Nous allons de l'alpha de notre naissance à l'oméga de notre mort qui deviendra l'alpha d'un nouveau cycle... une simple cellule du Grand TOUT... l'Univers... DIEU...

Depuis longtemps déjà j'ai entrepris le voyage à la lisière du gouffre intérieur, vers les mystérieuses régions vierges de tout regard, et quoi qu'il arrive, je le poursuivrai jusqu'à mon dernier souffle.

L'homme est enfant
de la terre et du ciel

> *« Tout le monde n'est pas obligé de comprendre, ni tout le temps. Il y a des domaines, comme la religion ou la poésie, qui doivent rester obscurs. Ou éblouissants, ce qui revient au même. »*

Marguerite YOURCENAR, *Les Yeux ouverts*

Depuis quelques jours, je me sens le « lieu » d'un cataclysme silencieux qui déblaie mon « entendement » en faisant table rase d'un monceau de scories et déchets de tous genres.

Cette nuit fut particulièrement meurtrière pour des décisions que je pensais avoir prises définitivement. L'aube me laissa désemparée, sans réponse à ma question cruciale : Dois-je continuer à donner des cours de spiritualité vivante que j'ai entrepris depuis trois ans ? En ai-je la capacité ? N'est-ce pas vanité de ma part ?

C'est alors que je découvre dans ma boîte aux lettres un livre[1]. Il m'est offert par un ami possédant le rare privilège d'alléger le poids de l'air lorsqu'il s'entretient avec vous, ouvrant ainsi un espace de liberté à ses interlocuteurs.

Remettant sa lecture à plus tard, je dépose le livre sur mon bureau. L'ouvrant machinalement mes yeux se portent sur une phrase entre guillemets : « Il doit

---

1. Claude Clément, *Saint-Bernard ou la puissance d'un Grand Initié,* Éditions Fernand Lanore, Paris.

accomplir ce pour quoi Dieu l'a mis sur terre : donner à boire l'eau qu'il a puisée. » Je reçois un choc de plein fouet qui stoppe mon interrogation latente. Ce n'est pas la première fois qu'une réponse m'est apportée d'une façon indirecte... toutefois je veux en savoir plus. J'anticipe sur la phrase et je lis : « Cet homme dont le vœu le plus cher est de demeurer dans son cloître, de se livrer à des extases de plus en plus impérieuses sera contraint d'abandonner Clairvaux pour le salut de l'Église, souvent au cours de lointaines et longues absences... » L'inspiration est augustinienne comme toute l'œuvre de saint Bernard qui se nourrit des écrits de saint Augustin, le grand évêque d'Hippone.

Surtout ne pensez pas qu'un seul instant j'établis un parallèle entre mon insignifiante personnalité et celle du grand Religieux Bernard. Ce serait comique. En réalité, un sentiment inconnu jaillit du plus profond de moi-même, stimulant ma lucidité et la faisant croître dans des proportions insoupçonnables. Je demande humblement à la Vie-Conscience-Amour qui m'a créée de me pardonner l'impensable effort de formuler cette expérience.

Avec une certitude irréfutable, je « sus » qu'en saint Augustin (IVᵉ siècle), saint Bernard (XIIᵉ siècle), l'auteur du livre, mon ami et moi-même (XXᵉ siècle), partout, en tout et en chacun à quelque époque que ce fût, c'est ELLE, la Grande VIE chaussant des « bottes de mille lieues », qui saute par-dessus les siècles pour « s'enseigner à elle-même à travers SES créatures. »

Nous ne sommes jamais abandonnés, nous ne sommes jamais seuls. Elle nous donne toujours ce dont nous avons besoin, si nous savons lui faire confiance. Et c'est bien à cela qu'il est fait référence, à l'état « d'innocence » de l'enfant, chez qui l'intellect n'a pas encore introduit la dualité du mental. Il est toujours « Je Suis », sans mots pour le dire.

Un seuil très important est franchi à l'instant où nous « voyons » nos pensées. Nous comprenons qu'habituellement nous sommes identifiés à elles. Cette prise de conscience ne détruit pas le mental qui est un don de la Vie, mais elle nous en rend libres. Nous « savons sans mots, directement ». Nous avons acquis une « perception nouvelle », avec la naissance en nous du septième sens qui nous révèle une autre dimension de la Conscience. Par LUI, j'entends parfois « la voix sans mots », le « signifiant instantané », « la Connaissance sans formulation verbale ». Je n'en finirais pas d'énumérer le miracle permanent qui gomme les clivages mentaux lorsque, par notre attitude intérieure, immobile et silencieuse, nous devenons « réceptifs » à l'Univers de la dimension spirituelle.

Le rôle de l'HOMME se révèle à nous dans toute sa grandeur et dans toute sa responsabilité : vivre une existence harmonieuse qui seule réalise le pont entre les deux mondes, celui de la terre et celui du ciel.

Épilogue

Et maintenant qu'ajouterais-je à ces pages où j'ai répandu ma récolte de « vécu » ?

Comment ai-je osé les écrire ? Comment ai-je osé braver tant d'esprits rodés à toutes les disciplines scientifiques et philosophiques, moi qui ne suis strictement rien dans leurs échelles de références ?

Je crois entrevoir une réponse...

Il y a une réalité : c'est la VIE qui nous est commune et qui nous est donnée à tous avec la même générosité, la même abondance, dès lors que nous nous ouvrons à Elle. Ma perception, à l'instant où j'écris ces lignes, ne fait que l'actualiser intensément en moi. Elle est un mouvement continu reliant toutes choses dans une impensable unité, inexprimable dans le langage des hommes.

Une évidence s'impose à moi : cette unité-intensité-instantanéité contient la totalité de la Connaissance, et dans l'attitude intérieure qui m'ouvre à elle je peux tout recevoir sous forme d' « intuition » que mon intellect traduira, ou mon émotion... dans les limites de mes capacités mentales ou émotionnelles dans l'instant.

Il me sera naturellement impossible d'énoncer une

nouvelle loi dans l'ordre des mathématiques, ou de la physique, ou de la biologie par exemple, mais en revanche si je lis ou j'écoute certains scientifiques exprimer leurs hypothèses encore insolites, parce que non vérifiées, je « sais », avec une sensation très précise dans mon corps, s'ils sont ou non sur la bonne voie. Je pense à Lupasco, Karl Pribram pour sa théorie holographique, David Bohm pour son ordre impliqué, que je sens justement intégré dans cette intensité-instantanéité de connaissance. Rupert Sheldrake, Basarab Nicolescu, Ilya Prigogine, Henri Stapp, Jean E. Charon, Fritjof Capra et tant d'autres que le remarquable talent du professeur Robert Linssen [1] met à la portée de personnes comme moi, non formées dans ces disciplines, mais passionnées de leur évolution, seraient sans doute très étonnés d'apprendre que la lecture de leurs théories m'a plongée souvent dans la même émotion intense que *La Symphonie du Nouveau Monde* de Dvorak, ou tel passage de *La Flûte enchantée* de Mozart...

La Connaissance m'apparaît comme une synthèse d'où les mots s'écoulent en grains de semence prêts à s'enfouir dans les cerveaux et dans les cœurs pour y germer. Ils sont les organisateurs de la cohérence du monde. Ils sont la justification de l'existence des hommes.

La VIE-CONSCIENCE-AMOUR est latente au niveau humain, où s'éveille le septième sens, le sens de l'Universelle PRÉSENCE.

Je « la » sens mon élément. Pourquoi la nierais-je ? Mais vous aussi, vous êtes faits de Présence ! TOUT nous « arrive » de l'intérieur. Ouvrons-nous. Laissons entrer la VIE... C'est Elle, toujours Elle, la Grande VIE éternellement présente et agissante en tous ses personnages depuis le début jusqu'à la fin des temps.

Il n'y a plus de mort, il n'y a que son inlassable activité. Le voile s'est déchiré. Je vois, ou plutôt c'est ELLE qui

---

1. *L'Homme transfini*, Éditions Le Courrier du Livre, 1984.

voit à travers mes yeux, qui deviennent SES yeux, qui parle à travers ma voix qui est SA voix, qui œuvre à travers mes mains qui sont SES mains.

TOUT est ELLE, la vibration primordiale, la pulsation cosmique qui crée l'univers et nous-même.

Partout, en tout c'est ELLE qui nous conduit de l'inconnaissance à la Connaissance, de l'inconscience à la Conscience, des ténèbres de la mort à la Lumière de la VIE.

... Et retentissent dans mon cœur SES Paroles d'il y a deux mille ans :

> « Je suis la lumière qui est sur eux tous
> Je suis le Tout.
> Le Tout est sorti de moi.
> Et le Tout est parvenu à moi.
> Fendez le bois, je suis là ;
> Levez la pierre,
> Vous me trouverez là[1]. »

Vichy, 1989.

1. Évangile selon Thomas (logion 77).

Album « *Spiritualités vivantes* »

Offrande, textes et photos de Daniel PONS.

« *Espaces libres* »
Collection dirigée par Marc de Smedt

au format de poche

« *L'Expérience intérieure* »
Collection dirigée par Marc de Smedt

« *Spiritualités vivantes* »
grand format

« *Paroles vives* »
Collection dirigée par Jean Mouttapa
et Marc de Smedt

Hors collection

Revue « *Question de* »

La composition
et l'impression de ce livre ont été effectuées
par l'Imprimerie Bussière
pour les Éditions Albin Michel

Achevé d'imprimer en août 1991.
N° d'édition : 11814. N° d'impression : 1907.
Dépôt légal : septembre 1991.